Burkhard Budde

Abenteuer Demokratie

Lernorte und Quellen

Bibliografische Information der Deutschen Nationalbibliothek: Die Deutsche Nationalbibliothek verzeichnet diese Publikation in der Deutschen Nationalbibliografie; detaillierte bibliografische Daten sind im Internet über http://dnb.dnb.de abrufbar.

Lektorat: Margret Budde
Umsetzung: Jonas Budde

Verlag: BoD · Books on Demand GmbH, In de Tarpen 42, 22848 Norderstedt, bod@bod.de
Druck: Libri Plureos GmbH, Friedensallee 273, 22763 Hamburg

ISBN: 978-3-7693-2678-9

In Erinnerung an meinen Vater

Wilhelm Budde

geboren am 1.8.1926,
gestorben am 7.11.2001 in Bünde

In Dankbarkeit

für sein glaubwürdiges Leben
als Christ und Demokrat

Burkhard Budde, Bad Harzburg 2025

Inhalt

Lernorte

Quellen

Lernorte

Geburtsstunde eines Demokraten

Gibt es Lernorte der Demokratie? Die Demokratie sowohl als Staatsform als auch als Lebensform fällt nicht vom Himmel. „Volksherrschaft" und „Beteiligungsherrschaft" können auch nicht einfach herbeigezaubert oder angeordnet werden. Die politische Willensbildung aller und die individuelle Freiheit in Verantwortung im Rahmen der Gleichheit vor dem Recht und dem Gesetz brauchen Lern- und Übungsorte.

Ein Mann erinnert sich an seinen politischen Werdegang: Mit 15 Jahren hatte er ein „demokratisches Schlüsselerlebnis". Als er am Deutschen Turnfest 1968 in West-Berlin teilnahm, war er als behütet aufgewachsener Jugendlicher einer Kleinstadt beeindruckt von der Freiheit und Vielfalt einer pulsierenden Großstadt, über die Vielzahl der Sportler – etwa 68 000 – und ihren Leistungen in den unterschiedlichen Wettkämpfen sowie der Abschlussfeier im Berliner Olympiastadion, aber auch sehr betroffen von der menschenverachtenden „Grenzmauer", die eine Schneise durch die gesamte Innenstadt zog. Am Rande des Turnfestes erlebte er eine Großstadtdemonstration auf dem Kurfürstendamm, die den unheimlichen Rausch eines fanatisierten Geistes verbreitete. Und ihm Angst machte. Demonstranten, die zu Ketten untergehakt waren, bewegten sich im Wechselschritt, Staccato, dann im Laufschritt. In Wellen stürmten sie nach vorne. Vom

Ruf „Unter den Talaren der Muff von 1000 Jahren" hatte er schon in der Lokalzeitung in seiner Heimat gelesen. Aber jetzt hörte er auch die Rufe „Ho-Ho-Ho-Chi-Minh" und „Wir-sind-eine-kleine-radikale-Minderheit" in anschwellenden Sprechgesängen, sah überall rote Fahnen, die langhaarige Bart- und Brillenträger schwenkten sowie Studenten mit politischen Transparenten, die den Vietnamkrieg und die USA scharf kritisierten. Als Steine flogen, war er in Deckung gegangen. Und er war froh, als er wieder die Turnhalle erreicht hatte, wo er und seine Kameraden aus der Kleinstadt in Schlafsäcken übernachteten.das Erlebnis der Großdemonstration musste er erst verarbeiten: Kann eine Straßendemokratie mit Aggressions- und Drohpotential sowie Gewaltexzessen ein Zukunftsmodell einer liberalen Demokratie sein, von der er träumte? Sind Geschrei und Gebrüll Alternativen zum argumentativen und angstfreien Meinungskampf, den er sich wünschte? Ist eine Parlamentarische Demokratie - von der er im Unterricht gehört hatte - mit Menschenrechten, Schutz von Minderheiten und Gewaltenteilung sowie geordneten Verfahren nicht einer Straßendemokratie mit intoleranten Absolutheitsansprüchen und Fäusten vorzuziehen? Hat Freiheit nicht Grenzen, wenn Intoleranz wütet, Freiheit missbraucht und die Freiheit Andersdenkender ignoriert wird? Dieses „Großerlebnis" wurde für ihn zur Geburtsstunde, noch mehr für seine politische Bildung zu tun. Zurückgekehrt in seine Heimat, las er die Tageszeitung noch aufmerksamer als zuvor. Er versuchte, sich aus verschiedenen seriösen Quellen eine eigene Meinung zu bilden: Taten die Demonstranten der Führungsmacht Amerika – bei aller berechtigten Kritik – nicht doch Unrecht? Konnte es perspektivisch richtig sein, die Zerschlagung der Nato als einem Verteidigungsbündnis und einer Wertegemeinschaft zu fordern? War die pauschale Polemik gegen den Springer-Konzern berechtigt? Und er las politische Bücher, zum Beispiel das Buch von Karl Potter „Die offene Gesellschaft und ihre Feinde" und diskutierte in seiner Familie und mit Klassenkameraden über politische Themen, auch kontrovers und heftig, aber stets respektvoll und ohne Gewalt. Er lernte, sich für die Meinungsfreiheit seines Nächsten einzusetzen, auch wenn er ihn nicht überzeugen konnte - erwartete jedoch auch von ihm die gleiche Haltung. Vor allem jedoch lernte er zuzuhören, sich argumentativ auszutauschen, Unterschiede auszuhalten und selbst dazuzulernen. Gelebte Demokratie bereitete ihm immer häufiger Freude; sie wurde für ihn zu einem faszinierenden Lern- und Lebensort.

3

Schule

Kann die Schule ein Lernort der Demokratie sein? Ein Mann erinnert sich: Als 15jähriger suchte er einen politischen Kompass. Sollte die Demokratisierung der Schule wichtig sein? Um 1968 erlebte er autoritäre Lehrer, die gerne die Schüler an die Kandare nahmen, strikten Gehorsam erwarteten und schon mal den Rohrstock sprechen ließen. Aber auch „demokratische" Pädagogen hatte er kennengelernt, die Schülern Raum gaben, sich eine eigene Meinung zu bilden und sie angstfrei und argumentativ zu vertreten, auch wenn sie unbequem war. In seiner Erinnerung gab es noch einen dritten Typ von Lehrer, der nur ein demokratisches Mäntelchen trug, indem er sich verbal für Gleichbehandlung einsetzte, in Wirklichkeit jedoch seine Vorurteile gegenüber einigen Schülern pflegte, die zum Beispiel aus groß- oder kleinbürgerlichen Verhältnissen kamen.

Als er Klassensprecher geworden war, versuchte er, Sprecher aller Kameraden zu sein und auch den „Sprachlosen" eine Stimme zu geben. Das „Wir-Gefühl" sollte durch Unternehmungen wie Tischtennisturniere und Partys gestärkt werden.

Eines Tages gab es ein historisches Ereignis – für ihn ein Schlüsselerlebnis, das ihm die Augen für die gesellschaftliche Dimension der Demokratisierung der Schule öffnete.

Truppen des Warschauer Paktes waren in der Nacht zum 21. August 1968 gewaltsam in die Tschechoslowakei eingedrungen, um das kleine Pflänzchen des Prager Frühlings, des „Sozialismus mit menschlichem Antlitz", zu zerstören. Sollte die Schülerschaft dagegen protestieren?

Die Mehrheit der Klassensprecher – auch er selbst – war dafür. Allerdings anders als er es bei der Großdemonstration in Berlin erlebt hatte – gewaltfrei und friedlich, mehr konstruktiv und mit Dialogbereitschaft.

In Bünde in Westfalen, wo sich die Schule befand, gab es – bis 1990 – eine „Sowjetische Militärmission", ein Relikt aus dem Zweiten Weltkrieg. Die vier Besatzungsmächte hatten nach dem Krieg sechs Aufklärungs- und Beobachtungsorte vereinbart, drei westliche in Potsdam und drei sowjetische in den westlichen Besatzungszonen. Für die Bevölkerung in Bünde war die Mission ein geheimnisvoller Ort, da die russischen Offiziere in den Häusern des „Kleinen Kremls", die in der Nachbarschaft zu einer britischen Offizierssiedlung lag, wohl jenseits der Öffentlichkeit ein Eigenleben mit Spionageaktivitäten führte.

Im August 1968 machten sich etwa 300 freiheitsliebende Schüler mit Sprechchören wie „Russen raus aus Prag" und Transparenten mit Aufschriften wie „Freiheit für die CSSR" auf den Weg durch die Innenstadt zur Militärmission. Wir wollten eine Petition übergeben; doch das Eingangstor blieb verschlossen; die Gardinen der Fenster der Häuser auf dem mit Maschendrahtzaun geschütztem Gelände zugezogen. Auch ein „sit-in" brachte keinen Erfolg. Immerhin hatten wir ein mutiges und selbstbewusstes Zeichen gesetzt – angesichts des damaligen Zeitgeistes nicht selbstverständlich.

Wir Schüler aus einer Kleinstadt jedoch, die wir keine rebellischen Straßenkämpfer oder selbstermächtigten Weltverbesserer sein wollten, waren uns einig: Gewaltfreie Demonstrationen für die Menschenwürde und die Menschenrechte sowie die territoriale Integrität und politische Unabhängigkeit eines Landes waren prägende und bewegende Lernorte, die auch im öffentlichen und politischen Bewusstsein Kreise ziehen können.

Familie

Keine Frage, die Familie ist ein dynamischer Lernort der Demokratie. Was in der Familie Kindern vorgelebt wird, ist für sie häufig prägend und hat langfristige Auswirkungen auf die Mitwelt und Nachwelt.

Eine demokratische Grundhaltung lebt davon, *ob* und *wie* „Politik" in der Familie gelebt und vermittelt wird: Wenn Jugendliche keine verständnisvollen und vertrauenswürdigen Gesprächspartner haben, weil das Thema „Politik" tabuisiert wird, kann auch kein Gespräch stattfinden, das die Unterscheidungs- und Urteilskraft, politische und historische Bildung sowie den sozialen Zusammenhalt und das friedliche Zusammenleben stärkt. Hören Jugendliche nur politische Stammtischparolen, werden Vorurteile und Feindbilder gepflegt, Gehässigkeiten, Feindseligkeiten und Ängste verbreitet, öffnen sich Türen zu einem ideologischen Kartenhaus, in dem ein autoritärer, totalitärer und fanatischer Geist herrscht. Und in dem zur Scheindemokratie, vor allem zur Menschenfeindlichkeit und zur Gewaltbereitschaft erzogen wird.

Zum Wagnis „demokratisches Verhalten" gehören jedoch gegenseitiges Zuhören und Verstehen, offene Kommunikation und regelbasiertes Diskutieren, ein aufgeklärter Austausch von Informationen und Erkenntnissen sowie ein gemeinsamer Entdeckungsprozess bei der Suche nach seriösen

Quellen. Und die Kraft, unterschiedliche Auffassungen auszuhalten, die Person von seiner Meinung zu unterscheiden, vor allem stets die Menschenwürde zu achten.

Im Schutz- und Entwicklungsraum der Familie kann die Pflanze Demokratie wachsen und gedeihen sowie Frucht für Gesellschaft und Staat bringen, wenn sie gepflegt wird, indem bei allem Streit um Macht (Wer setzt sich durch?), um Deutungen (Wer weiß es besser?), um Interessen (Wer profitiert?), um Wertschätzung (Wer wird anerkannt?):

die Realitäten *unvoreingenommen* und möglichst *umfassend* ernstgenommen werden; dem Gesprächspartner *empathisch* und *vorurteilsfrei* begegnet wird; ihm *angstfrei* und *argumentativ* widersprochen werden kann; Meinungsverschiedenheiten *respektiert* und *toleriert* werden; ein Meinungsbildungsprozess *fair* und *kritisch* geführt wird; *Mut zur Selbstkritik* und *zur Selbstkorrektur* möglich ist, ohne sein Gesicht zu verlieren.

In der Familie kann Mitreden, Mitwirken, Mitbestimmen, Mitverantworten und natürlich auch Selbstbestimmen und Selbstverantworten sowie die Unterscheidung von Meinungsfreiheit, Beleidigung und Volksverhetzung gelernt werden – gute Voraussetzungen, um sich außerhalb der Familie für eine lernende und streitbare Demokratie einzusetzen, die nicht von Sonderinteressen, Täuschungsmanövern und Trittbrettfahrerei, nicht von Intoleranz,

Diskriminierung, Ausgrenzung und Gewalt beherrscht wird.

Sondern – statt verschlossener Augen, Scheren im Kopf, Fäusten in der Luft, Schlägen unter die Gürtellinie, schreiender Mäuler – allen Menschen und zukünftigen Generationen gleiche Lebenschancen und gleichberechtigte Perspektiven schafft: durch einen starken demokratischen Rechtsstaat mit Gewaltenteilung und Gewaltmonopol, aber auch durch die ausgestreckte Hand und einen mutigen Brückenbau freier und mündiger Menschen.

Schülermitverwaltung

Auch seine Schulzeit, so ein Mann aus einer Kleinstadt, war für ihn ein Lernort der Demokratie, nicht nur seine Familie.

Er erinnert sich: Im August 1970 wurde er zum Schülersprecher gewählt, obwohl es noch nie einen so jungen Schülersprecher auf der Schule – er war gerade einmal 17 Jahre alt - gegeben hatte. Aber sowohl sein älterer Bruder als auch sein jüngerer Bruder – alle ebenfalls Schüler des Gymnasiums – und Klassenkameraden hatten ihn im schulinternen „Wahlkampf" fleißig unterstützt. Jede Klasse hatte er aufgesucht und zu Beginn des Unterrichts für etwa zehn Minuten sich selbst, sein Team und sein „Wahlprogramm" vorgestellt: Geplant waren u.a. kulturelle Vorhaben wie Filmvorführungen, ein Vorlesewettbewerb, ein Musikquiz, Diskotheken „LSD" („Lord Stone Diskothek") sowie sportliche Angebote wie ein Tischtennis-, ein Fußball- und ein Handballturnier, aber auch die Besichtigung eines Coca-Cola- Werkes in der Stadt, die Herausgabe einer „SMV-Information" sowie das Projekt „Einführung in Aufbau und Arbeitsweise eines Computers", da ein Mitschüler – der Vorgänger im Amt des Schülersprechers - sich mit „Datapoint 2200" auskannte, dem ersten modernen Personal Computer ähnlichen Computer und bereit war, sein „Pionierwissen" seinen Mitschülern weiterzugeben.

Vor allem jedoch hatte der jüngste Schülersprecherkandidat seine Mitschüler davon überzeugt, wie wichtig es war, sich nicht nur mit „Geselligkeit" und „Kultur" zu beschäftigen, sondern auch mit den Inhalten des Unterrichts, über Inhalte partnerschaftlich mit den Lehrern zu diskutieren und das Unterrichtsleben selbst kritisch mitzugestalten.

Nach der Wahl zum Schülersprecher folgten den Ankündigungen Taten; es wurden zum ersten Mal in der Schulgeschichte „Schüler-Fachschaften" eingerichtet. In jeder Klasse wurden für die „geisteswissenschaftlichen" Fächer ein Schüler und für die „naturwissenschaftlichen" Fächer zwei Schüler gewählt, die dann jeweils eine „Schüler-Fachschaft" bildeten, um dort über Inhalte und die Vermittlung der Inhalte aus der Sicht der Schülerschaft zu sprechen und eine gemeinsame Position zu erarbeiten. Die Schüler-Fachschaften wiederum wählten so genannte Fachschaftssprecher für die Lehrer-Fachkonferenz, um sich dort „einzumischen" und die Interessen der Schüler zu vertreten – so wenigstens der Plan. Es gab konkrete Hilfestellungen seitens der Lehrerschaft, aber auch viele Steine auf dem Weg zu einer echten Mitwirkung der Schüler im Blick auf das Unterrichtsgeschehen, dem Herzstück des Schullebens. Immerhin hatten viele Schülervertreter bei ihren ersten demokratischen und geordneten Geh- und Laufversuche eine Menge gelernt.

Aber auch mit anderen Themen beschäftigten wir uns in der Schülermitverwaltung (SMV): Raumnot stand z.B. auf der Tagesordnung, aber auch das Thema „Koedukation". Wir waren auf einer reinen Jungenschule – für viele Schüler ein „Dorn im Auge" des Wunsches nach einem gleichberechtigten und gemeinsamen Lernen von Jungen und Mädchen. Und wir Schülervertreter engagierten uns für ein faires Leistungsprinzip sowie für gerechte Bildungschancen für alle, kämpften für „Lernmittelfreiheit", für die unentgeltliche Bereitstellung von Schulbüchern, um finanzschwachen Familien und Alleinerziehenden die Möglichkeit zu geben, ihre Kinder auf eine weiterführende Schule zu schicken. Wir waren auf dem Weg, Schule zu „demokratisieren", suchten dabei Verbündete in der Lehrerschaft, aber auch in den Familien und im Stadtparlament. Nicht alles hat geklappt, aber wir haben selbst demokratisches Verhalten kennengelernt und sind demokratisch gereift. Und vielleicht ist es sogar bei aller Unvollkommenheit und Kritikwürdigkeit gelungen, etwas Schul- und Demokratiegeschichte mit Leidenschaft und Freude zu schreiben, von der auch die folgenden Generationen einen „Mehrwert" hatten und haben.

Schulleben

Aus der Geschichte kann man – wenn der Wille zum Quellen-
studium vorhanden ist - für die Gegenwart und Zukunft lernen. Die Demokratiegeschichte selbst ist ein wichtiger Lernort – für alle, die nicht blind und unmündig, sondern
aufgeklärt und selbstbestimmt leben wollen; insbesondere
für die, die Verantwortung für ihre Mitmenschen, Institutionen, Organisationen oder für das Gemeinwesen wahrnehmen.

Die persönliche Demokratiebildung ist einem Mann am Lernort Schule immer wichtiger geworden. Er wurde um 1970
erst zum Klassensprecher, dann zum Schülersprecher,
schließlich zum Bezirksschülersprecher gewählt. Er erinnert
sich noch heute an diese Zeit, in der jenseits seines Schulbe-
zirkes häufig eine Politisierung und Radikalisierung der
Schülermitverwaltung (SMV) betrieben wurde. Während
sich sein SMV-Bezirk aus Parteipolitik und ideologischen Ge-
fechten heraushalten wollte und die Interessenvertretung
der Mitschüler als eine zentrale SMV-Aufgabe ansah sowie
ein partnerschaftliches Verhältnis zur Lehrerschaft an-
strebte, beabsichtigten andere Bezirksschülersprecher, vor
allem die Gesellschaft radikal zu verändern. Auf NRW-Ebene
gab es beispielsweise einige Bezirksschülersprecher, die
DKP- Mitglieder waren, andere arbeiteten mit den „Roten

Zellen" aus Münster zusammen. Und die meisten von ihnen verstanden sich als Kämpfer des „Klassenkampfes".

Anmerkung: Die DKP (Deutsche Kommunistische Partei) wurde 1968 in Westdeutschland gegründet, galt als linksextremistisch und verstand sich als eine revolutionäre Partei, die von der DDR unterstützt wurde, und bekannte sich zum Marxismus- Leninismus bzw. zum „Klassenkampf". Und die „Rote Zelle" wollte ein „Sozialistisches Studium" aufbauen, um „dem Volke zu dienen".

Im Landesschülersprechergremium gab es häufig hitzige Debatten, die vor allem Systemkritik zum Thema hatten. Wenn die Mehrheit der „Systemveränderer" etwas Positives über die Parlamentarische Demokratie wie die Repräsentation des Volkes durch gewählte und freie Volksvertreter, die Möglichkeit der Abwahl der Regierung und die Förderung des politische Kompromisses hörte, erntete der Mann „aus der Provinz", der die Demokratie Westdeutschlands favorisierte, nur ein überhebliches Lächeln oder sogar persönliche Anfeindungen. Oder wenn er auf die Notwendigkeit starker Gewerkschaften hingewiesen hatte oder auf unabhängige Medien wie den Axel Springer Verlag, der für die Einheit Deutschlands in Freiheit kämpfe, gab es nur lautes Gelächter verbissener Ideologen, die alles besser wussten. Und was sie besonders provozierte, war die schlichte Erkenntnis, dass eine „klassenlose Gesellschaft" durch revolutionäre

Veränderung der Verhältnisse nur die Herrschaft einer „neuen Klasse" schaffe. Denn viele Schülersprecher damals verherrlichten den DDR- Unrechtsstaat mit Planwirtschaft und Mangelverwaltung und trotz Mauerbau und Schießbefehl und verhöhnten das „BRD-Modell" mit dem angeblichen Dualismus „Die Bosse da oben" und „Gutmenschen hier unten." Und konnten oder wollten nicht begreifen, dass die Soziale Marktwirtschaft bei allen Mängeln und bei aller Reformbedürftigkeit eine „gemischte Ordnung" jenseits von „zügellosem Kapitalismus" und „totalitärer Kommandowirtschaft" war, die reformfähig war. Und vor allem Wohlstand für alle und Chancengerechtigkeit ermöglichte.

Jedenfalls ging ein Mensch aus solchen Auseinandersetzungen, die wohl keiner gerne suchte, trotz Verletzungen gereifter heraus. Denn gewachsene politische Grundüberzeugungen sind wie Pflanzen, die selbst oder gerade in stürmischen Zeiten wachsen sowie schöne Blüten und auf Dauer (politische) Früchte entwickeln, von denen alle profitieren.

Partei

Wie kann Begeisterung für die Demokratie entfacht werden? Durch die Teilnahme an basisdemokratischen Bewegungen? Durch die Aussicht, mit einem Marsch durch die Institutionen etwas verändern zu können? Durch den Einsatz im vorpolitischen Raum, z.b. in Kirchen und Vereinen, wo es nicht nur „apolitisch" zugeht, wo nicht nur gebetet und geredet, gespielt und musiziert wird, sondern wo es auch um die Durchsetzung von Werten und Haltungen geht – um undemokratische Werte wie autoritäres und totalitäres Verhalten oder um demokratische Werte wie die Achtung der Würde eines Menschen und seiner Meinungsfreiheit sowie die Möglichkeit, Konflikte gewaltfrei auszutragen bzw. Meinungsverschiedenheiten und Meinungsvielfalt auszuhalten.

Der 17jährige Mann, der in seiner Familie, aber auch in der Schule Orte gelebter Demokratie, kennengelernt hatte, wurde 1971 gefragt, ob er nicht in einer Partei mitarbeiten wolle. Ihm war theoretisch bekannt, dass Parteien die Aufgabe haben, bei der politischen Willensbildung des Volkes mitzuwirken; also den Meinungsbildungsprozess nicht allein zu bestimmen, sondern vor allem ihre Ziele und Vorschläge in die öffentliche Diskussion einzubringen, Brücken zwischen Staat und Volk zu schlagen sowie die Regierungsbildung zu beeinflussen.

Radikale Parteien, die auf einem Auge blind waren oder ideologische Scheuklappen trugen, und die Wirklichkeit nur durch ihre getönte Brille sahen, Mauern errichteten oder Gräben vertieften, kamen für ihn nicht in Frage.

Aber in welcher demokratischen Partei konnte er auf einen Resonanzraum für sein kulturelles Lebensgefühl und seine politischen Ideale hoffen? Oder stimmte es, dass demokratische Parteien nur verwechselbare Gemischtwarengeschäfte auf dem Markt der Parteien waren? Oder waren sie dunkle und abschreckende Kampfarenen für Karrieristen, die mehr an ihren persönlichen Vorteil denken und weniger an das Partei- und Bürgerwohl, die zwar kompetent im Intrigen- und Machtspiel sind, aber im geduldigen „Bohren von harter Brettern" versagen, weil sie nicht über einen langen Atem und über natürliche Autorität mit argumentativer Überzeugungskraft verfügen? Und wenn er dann noch, so die Sorge des jungen Mannes, ein unsichtbares Etikett auf die Stirn geklebt bekommt, weil er einer Partei angehört und ständig in ein Schubfach gesteckt wird?

Auf der anderen Seite, dachte der 17jährige, gab es auch gute Gründe, in eine demokratische Partei einzutreten: Mit Verbündeten einer Partei konnte er bei der Verwirklichung seiner Überzeugungen leichter und effektiver mitmischen, als im Alleingang. Und wenn die Partei ihm eine Aufgabe zutraut oder ein Mandat anvertraut, kann er sogar konkrete und sinnstiftende Verantwortung wahrnehmen. Parteipolitik muss ja kein „schmutziges Geschäft" sein. Er wollte sich jedenfalls eine eigene Meinung bilden, unabhängig und kritisch bleiben und sich für Fairness einsetzen. Und er trat 1972 in eine demokratische Partei ein.

Allerdings erlebte er kurze Zeit später, dass ein Mitbürger ihn als „Nazi" bezeichnete, obwohl er einer demokratischen, keiner rechtsextremen Partei angehörte. Und „nur" weil sich sein gehässiger Mitmensch in eine freudlose Ideologie verliebt hatte, ihm politische, aber auch menschliche Bildung fehlte. Was dem jungen Parteimitglied aber nicht davon abhielt – im Gegenteil! – sich für politische Bildung einzusetzen und Freude an der politischen Arbeit zu haben, begeistert andere Bürger zu begeistern.

Kommunalpolitik

Wie können Bürger von der Politik begeistert werden? Ist die Kommunalpolitik z. B. für junge Menschen, die sich in der Ausbildung, im Studium oder am Anfang ihres Berufslebens befinden, eine attraktive „Schule der Demokratie", auf die sie sich in ihrer Freizeit einlassen? Weil sie eine praktische Bewährungsprobe für abstrakte Forderungen darstellt und zeitnah konkrete Erfolgserlebnisse bei der Gestaltung des Gemeinwesens ermöglicht? Oder schreckt Kommunalpolitik eher ab, weil „alte Hasen" oder „bewährte Platzhirsche" jungen Menschen nur begrenzte Möglichkeiten geben, ihre Vorstellungen einzubringen und umzusetzen? Weil Politik als Kunst des oberflächlichen Durchwurstelns, als detailbezogenen Kuhhandel oder nur als persönliches Sprungbrett für „größere Aufgaben" wahrgenommen wird, den Stempel des Kleinkarierten trägt und nicht den Gesamtzusammenhang ins Auge nimmt?

Die Demokratiegeschichte kann Antworten geben, sogar bewegender Motor sein, um Fehler aus der Vergangenheit zu vermeiden, an positiven Beispielen zu lernen, Maßstäbe für aktuelles Handeln an die Hand zu bekommen und dadurch in der Gegenwart die Zukunft zu gestalten.

Ein 22jähriger, der in den 70ziger Jahren kommunalpolitisch tätig und von 1975 bis 1979 dem Bünder Stadtrat angehörte, erinnert sich. Junge Leute erlebten einen „Bildungsnotstand in der Stadt", zum Beispiel fehlten Fachräume in den Schulen. Auch wurden ihrer Wahrnehmung nach bestimmte Themen wie „Umweltschutz", „Jugendzentren", überhaupt die „soziale Infrastruktur" nicht oder nur selten kritisch genug diskutiert. Als der junge Mann, der auch Vorsitzender einer politischen Jugendorganisation war, öffentlich die Personalpolitik im Rathaus als „Parteibuchpolitik" bezeichnete, da fast alle Beamten das gleiche Parteibuch hatten, eine „Personalpolitik der Fähigkeiten" sowie Bürgernähe forderte und den „dienenden Charakter" der Behörde betonte, wurde ihm mit rechtlichen Schritten gedroht. Wollte man ihm einen „goldenen Maulkorb" umhängen; sollte auch bei anderen Themen jedes kritische Wort auf die Goldwaage gelegt werden?

Unter „Demokratisierung" verstand der politische Jugendkreis jedenfalls etwas anderes: mehr Durchschaubarkeit politischer Prozesse; größere Freiheiten, sich eine eigene Meinung bilden und vertreten zu können; einen fairen Wettbewerb, um sich konstruktiv streitend in den öffentlichen Meinungsbildungsprozess einzubringen; mehr Mitwirkungsmöglichkeiten, um sich um die Angelegenheiten der Bürger persönlich kümmern zu können. Diese jungen Leute waren keine politischen „Träumer", „Revoluzzer" oder „Karrierebastler", aber auch keine angepassten „Duckmäuser", wohl aber lernten sie sehr schnell, dass sie zur Umsetzung ihrer Ideale Verbündete in ihrer Partei brauchten, um

„Gestaltungsmacht", ein Mandat anvertraut zu bekommen, das sich als demokratisch legitimierte und zeitlich begrenzte „Verantwortungsmacht" versteht. Im Kommunalwahlkampf, in dem sie sich für „junge Menschen in den Rat" und die Herausarbeitung der Unterschiede zwischen den Parteien einsetzten, damit der Bürger eine echte Wahl bekam, aber auch forderten, nicht die Solidarität der Demokraten zu vergessen, hatten sie Erfolg. 1975 zog der 22jährige in den Rat ein, wurde Vorsitzender des Jugendausschusses und Mitglied des Schul- und des Sozialausschusses, lernte demokratische Spielregeln und Verfahren aus erster Hand und großer Nähe kennen. Und sich fair und argumentativ durchzusetzen, zu integrieren und zu leiten, Mehrheitsentscheidungen trotz vermeintlich besserer Argumente zu ertragen, Minderheitenmeinungen zu tolerieren und Kompromisse zu schließen. Und seine Ideale nicht aufzugeben, weil er jeden Morgen in den Spiegel schauen und von der Demokratie begeistert bleiben wollte.

Hoffnungsträger der Demokratie

Unsere demokratische Gesellschaft lebt von Freiheit, nicht von Sklaverei; von Verantwortung; nicht von Ichsucht; von Leidenschaft, nicht von Gleichgültigkeit; von Besonnenheit, nicht von Schwärmerei; von Vielfalt, nicht von Gleichmacherei; von Gleichheit, nicht von Sonderrechten; von Gerechtigkeit, nicht von Willkür; von Barmherzigkeit, nicht von Hass; von Wehrhaftigkeit, nicht von Rache; Wahrhaftigkeit, nicht von Verlogenheit; von Glaubwürdigkeit, nicht von Scheinheiligkeit; von Fairness, nicht von Täuschung; von Kompromissbereitschaft, nicht von Unbelehrbarkeit; von Öffentlichkeit, nicht von Geheimniskrämerei; von der Achtung und Verteidigung der Würde aller Menschen im Bewusstsein der Verantwortung vor Gott und dem Nächsten sowie vor der Geschichte, der Mit- und Nachwelt. Aber wie können diese Werte in einer offenen Gesellschaft Wirklichkeit werden und bleiben, immer wieder neu gelernt und konkretisiert, wehrhaft und konsequent gelebt werden?

Helfen können verschiedene Lernorte der Demokratie wie Familie, Schule und Parteien. Jeder Einzelne wird gebraucht, sich in der Demokratie für die Demokratie einzusetzen. Und die Demokratie braucht jeden Einzelnen.

Der Autor schrieb am 17. Januar 1981 im Herforder Kreisblatt in einem Gastkommentar: Unsere Demokratie braucht mehr Gesichter, mit denen man sich identifizieren kann...Es fehlt (in den Parteien) ein Überschuss an profilierten Gesichtern, die sagen, was sie meinen, die heilsame Unruhe schaffen, indem sie auch unbequeme Kritik äußern, die nicht nur nach einem Pöstchen oder nach Applaus schielen und die sich nicht als Nörgler oder Nestbeschmutzer beschimpfen lassen. Es fehlt auch ein Überschuss an politischen Persönlichkeiten mit natürlicher Autorität, die bereit sind, qualifizierte Mitstreiter und qualifizierten Nachwuchs zu akzeptieren und zu fördern, die nicht ängstlich alle potentiellen Konkurrenten mit Ellenbogenmethoden und gehässiger Mund-zu-Mund-Propaganda ausschalten, die lernfähig und bereit sind, die die Kontroverse in der Sache lieben... Zur Glaubwürdigkeit der Politik gehört gerade für Jugendliche... die spannungsvolle Einheit von vorurteilsfreiem Zuhören, fairem und offenen Diskutieren und konsequentem Handeln, eben nicht die schulmeisterliche Belehrung, der einseitige Monolog und bloße Versprechungen... Unsere Demokratie braucht weniger Hochmut, Hochglanz und Perfektionismus und mehr Menschlichkeit und solidarische Festigkeit. Arrogante und blendende Politiker sind keine Visitenkarten für unsere Demokratie. Dies ist für Eingeweihte ein Greul: Nach „oben" und „unten" wird entweder geschickt geschmeichelt oder möglichst unauffällig getreten – wie es jeweils „angemessen" ist...

Mutige und profilierte Politiker, die sich nicht anbiedern oder sich als autoritäre Respektpersonen Geltung verschaffen, sondern solidarische Festigkeit zeigen, sind die richtigen Gesprächspartner.

Man sollte heute die kulturelle Eintrittskarte in den politischen Raum oder in eine Partei nicht zu teuer und damit unattraktiv machen, weil Menschen nie perfekt sein werden und es immer mescheln wird. Wohl aber besteht ein demokratisches Zukunftsmodell darin, eine demokratische Kultur mit ihren faszinierenden Werten und Idealen so zu gestalten, dass junge Menschen sich mit Interesse und Freude in das politische Geschehen hereinholen lassen und sich mit der lernenden Demokratie identifizieren – durch politische und historische Bildung, vor allem durch Befähigung, Beteiligung und Repräsentation. Um den Geist der Demokratie jedoch zu wecken, braucht man Leuchttürme von Werten, die leuchten und strahlen, Halt und Orientierung geben, indem sie keine leeren Begriffe bleiben, sondern glaubwürdig vorgelebt werden.

Quellen

Schatzkammer der Demokratie

Für viele Menschen ist die Demokratie wie eine Schatzkammer. Die Möglichkeit, sich im Rahmen der freiheitlich-demokratischen Grundordnung in öffentliche Angelegenheiten einzubringen und einzumischen, mit zu sprechen, mit zu wirken, mit zu bestimmen und mit zu verantworten ziehen viele Bürger anderen Herrschaftsformen vor. Freie Bürger schätzen die Vorteile einer freien und selbstbestimmten *Beteiligungsherrschaft* mit demokratischen Rechten und Pflichten:

Zum Beispiel gegenüber einer *Alleinherrschaft*, einer Diktatur, einer Tyrannei, eines Unrechts- und Willkürstaates, selbst wenn diese Herrschaft im Gewand einer Schein- oder Schaufensterdemokratie daher kommt. Denn Untertanen haben in undemokratischen Staaten nichts zu lachen; sie müssen kuschen und nach der Pfeife der jeweiligen „Obrigkeit" tanzen. Es gibt keine (wirklich) freien Medien, keine (wirklich) unabhängige Justiz, vor allem keine echten Wahlen und keine echte Opposition. Die selbsternannte und unnahbare Elite versucht, mit totalitären Zumutungen, mit Angst und Schrecken sowie mit Zuckerbrot und Peitsche ihre Bevölkerung zu regieren.

Oder gegenüber einer *Gruppenherrschaft*, einer Oligarchie, einer Herrschaft von wenigen, auch der Herrschaft einer Minderheit, die vielleicht vom Wettbewerb

25

unterschiedlicher Personen und Ideen redet, aber ihr Erziehungsprogramm mit Denk-, Sprech-, Redeverboten sowie mit Regulierungs- und Kontrollwahn ohne Rücksicht auf die Mehrheit um- und durchzusetzen versucht. Ihre Vorherrschaft bedeutet nur einen Gewinn für die Gruppe der Gleichgesinnten oder Gleichgemachten und bringt viele Nachteile für ein selbstbewusstes Individuum. Und ein Egoismus mit Ellenbogen von Interessengruppen schadet der Entwicklung der gesamten Gesellschaft. Ideologische Verblendungen und blendende Inszenierungen verhindern den Austausch von Argumenten und Kompromissen sowie den Fortschritt, weil selbsternannte Fanatiker nicht aus ihrem selbstgeschaffenen Gefängnis eines Freund-Feind-Denkens ausbrechen.

Demgegenüber kämpfen freie und aufgeklärte sowie selbstdenkende und mündige Bürger für ihre *Schatzkammer der Demokratie*. Sie hat als Konsequenz aus den menschenverachtenden Erfahrungen der NS-Diktatur ein robustes *Fundament*, das im Grundgesetz zum Ausdruck kommt, das weder wertneutral noch weltanschaulich neutral ist, sondern in ihrer eigenen Werthaltung wie der Achtung der Würde, der Freiheits- und Menschenrechte, auch mit dem christlichen Menschenbild und der liberalen Handlungsfreiheit ethisch Farbe bekennt und politisch Partei ergreift. Insbesondere weil alle Staatsgewalt vom Volke ausgeht, die dem Menschen dienen soll, dessen unantastbare Würde vor aller staatlichen

Gewalt steht und die die Staatsgewalt zu achten und zu schützen hat. Diese Schatzkammer kennt *Sicherheitsschlösser* wie den föderalen Bundesstaat statt einem gleichgeschalteten Zentralstaat oder den Rechtsstaat mit seiner Gewaltenteilung und seinem Gewaltmonopol statt einem Polizei-, Partei-, Richter-, Nachtwächterstaat oder einer Selbstjustiz.

Diese Schatzkammer mögen und lieben viele Menschen: Sie befreit von Knechtschaft und Vormundschaft zur individuellen Freiheit in Verantwortung. Sie ermöglicht Freiheit, Vielfalt, Sicherheit und Wohlstand, Macht auf Zeit, Gleichheit vor dem Gesetz, Mehrheitsentscheidungen, den Schutz von Minderheiten, Bindung an das Recht sowie Chancen-, Leistungs-, Bedarfs- und Generationengerechtigkeit. Sie schafft geordnete Spielräume, um mit anerkannten, bekannten und fairen Spielregeln sowie mit Hilfe demokratischer Institutionen das Gemeinwohl zu suchen und zu finden.

Die Schatzkammer ist nicht perfekt, sondern unvollkommen und durch destruktive Kräfte von innen und außen gefährdet. Deshalb braucht sie weniger Konsumenten und mehr mutige Mitstreiter, die sich für eine lernende und wehrhafte Demokratie einsetzen.

Die als Schatzkammer keine goldenen und unbeschwerten Zeiten, wohl aber eine Zukunft in Freiheit und Verantwortung verspricht.

Gottesbezug

Ist eine moderne Gesellschaft von allen guten Geistern verlassen? Oder ist der Gottesbezug tatsächlich ein alter Zopf, der abgeschnitten gehört, weil er von vielen Menschen nur noch kopfschüttelnd hingenommen, belächelt oder gar verachtet wird? Zum Beispiel der Gottesbezug in der Präambel des Grundgesetzes, in der Eidesformel am Schluss eines Amtseides oder im Grundsatzprogramm einer Partei? Ist dieser Hinweis auf Gott etwa eine religiöse Dekoration, die mehr abschreckt als einlädt, mehr spaltet als zusammenführt, mehr Gleichgültigkeit als Gemeinsinn verbreitet, weil sie missbraucht werden kann und aus der Zeit fällt?

Braucht der moderne Mensch, der sich am eigenen Schopf aus dem Lebenssumpf zu befreien versucht, überhaupt noch ein unsichtbares Gegenüber, dessen Existenz nicht beweisbar ist, nur im religiösen Wort als allgegenwärtige und allgütige Lebenskraft versprochen wird, aber im realen Leben ein Nischendasein fristet? Ist der Mensch von heute nicht ohnehin alleiniger Maßstab und selbstbestimmter Chef seines Lebens?

Um bei all diesen Fragen sich nicht im Nebel der Gefühle zu verlaufen, ist die Unterscheidung der Geister zu empfehlen: In unserer säkularen, vielfältigen und toleranten Demokratie, die christliche und humane Wurzeln und Prägungen hat, sollte niemand von Juden, Christen oder Muslime erwarten, dass sie ihren Gott *leugnen* (die Lateiner sprechen von *„igno-ratio* Dei"). Oder dass Nicht-Gott-Gläubige einen Gott, den sie nicht kennen, *anrufen* (*„invocatio* Dei"). Wohl aber können alle Menschen aus rationalen Gründen Gott *benennen* (*„nomi-natio* Dei").

Die Nennung des Namens Gott im Grundgesetz erinnert nämlich an die menschenverachtende Zeit des Nationalsozialismus. Diese bleibende <u>Erinnerung</u> ist zugleich eine ständige Aufforderung, aus der Geschichte zu lernen und den Anfängen von Antisemitismus und Rassismus, Hass und Gewalt zu wehren. Kein Staat, keine Partei, keine Organisation darf jemals wieder allmächtig und totalitär werden, und dem Menschen seine individuellen Freiheiten nehmen, ihn zum Sklaven einer ideologischen Gruppe machen oder zum Handlanger eines entmenschlichten Denkens erziehen wollen. Auch eine liberale Demokratie braucht ein unverfügbares Gegenüber („Theonomie"), um ihre aufgeklärte Menschlichkeit („Autonomie") nicht zu verlieren.

Ein genannter Gottesbezug ist eine <u>Vergewisserung</u>: Jeder Mensch hat eine angeborene Würde geschenkt bekommen. Und dieses Geschenk kann kein Mensch an keinem Ort und zu keiner Zeit verlieren, weil kein Mensch, sondern der Geber dieser bedingungslosen Gabe außerhalb des menschlich Denkbaren liegt.

Schließlich weist der Gottesbezug alle Menschen auf eine letzte Verantwortungsinstanz hin: Auch der mächtigste Machtmensch, der brutal und gottlos lebt, wird sich hoffentlich vor menschlichen Gerichten, aber auch eines Tages – er lebt ja nicht ewig - vor der Instanz seines Schöpfers für seine Taten rechtfertigen müssen, der keine Moralkeule schwingt, wohl aber schon jetzt nach der Verantwortung des Menschen fragt.

Sehnsucht nach Frieden

Die Sehnsucht nach Frieden in Freiheit und Sicherheit bleibt groß und mächtig.

Ein Privatmensch, der indirekt bedroht oder direkt angegriffen wird, hat das Recht, auf sein gutes Recht, sich zu wehren, zu verzichten. Auch verbietet ihm keiner, sich fluchtartig in sein privates Schneckenhaus zurückzuziehen. Oder einfach den Kopf in den Sand zu stecken und zu behaupten, alles sei doch nicht so schlimm. Oder scheinheilig Märchen zu erzählen, Geschichtsklitterungen zu betreiben, sich ängstlich oder verblendet in die Knie zwingen zu lassen oder seine Hände in Unschuld zu waschen.

Kritische Anfragen muss sich aber auch ein Pazifist gefallen lassen: Gibt es wirklich einen inneren Seelenfrieden ohne einen äußeren Frieden? Ist ein innerer Frieden nicht ein Scheinfriede, wenn ein äußerer Frieden ungerecht ist, nur durch Angst und Schrecken erzwungen wird? Bedeutet ein äußerer Diktatfrieden nicht innere Friedhofsruhe, sogar neues Unrecht und neues Leid?

Ein demokratischer Staat jedenfalls würde sich selbst aufgeben, wenn er sich als Pazifist oder als Privatier verstehen würde. Er muss realistisch die Spannung und das Wechselspiel zwischen innerem und äußerem Frieden wahrnehmen und die Brüchigkeit des Friedens ernstnehmen – übrigens damit auch Pazifisten ihre Überzeugungen in der Öffentlichkeit vertreten können. Zu den wesentlichen Aufgaben des freiheitsliebenden und wehrhaften Staates, der der individuellen Menschenwürde und den allgemeinen Menschenrechten verpflichtet ist, gehört die Aufgabe, das Leben aller Bürger durch die Sicherung und Verteidigung des inneren und äußeren Friedens zu ermöglichen.

Ein demokratischer Rechtsstaat mit einer legitimierten Führung, die ihre politische Gestaltungs- und Ordnungsmacht in Verantwortung auf Zeit vom Volk bzw. Parlament übertragen bekommen hat, kann sich nur als beauftragter Friedensstifter mit politischem Rückgrat verstehen, einen gerechten Frieden in Freiheit und Sicherheit zu gewährleisten. Er kann die Augen vor brutalen und menschenverachtenden Verbrechern – auch vor Autokraten oder Diktatoren im scheinbar demokratischen Gewand - nicht verschließen, die es übrigens in der Hand haben, ihre tödlichen und zerstörerischen Waffen sowie ihre vergiftende und spalterische Propaganda sofort schweigen zu lassen.

Ein verantwortungsvoller Staat würde unschuldig schuldig, wenn er auf terroristische Angriffs- und Vernichtungskriege nur ängstlich oder wie gelähmt zuschaute und zuließe, dass ungebändigte Gier immer gieriger und ungehemmter würde.

Dem Frieden in Freiheit dienen weder Engelszungen noch Teufelsanbeterei. Wohl aber besteht die zugleich politische

und militärische sowie kulturelle und historische Verantwortung darin, in aktiver und vorausschauender Solidarität
sowie mit allen notwendigen Mitteln das Böse glaubwürdig
abzuschrecken, wirksam zu bändigen und eindeutig in seine
Schranken zu verweisen. Die Sehnsucht, im Rahmen einer
freien Welt selbstbestimmt und eigenverantwortlich leben
zu können, darf nicht geopfert werden. Und die Tür zur souveränen Freiheit in Würde und zum Glück muss für alle Menschen, Völker und Länder geöffnet bleiben.

Freiheit durch Wehrhaftigkeit:
Füchse und Igel

Sie lebte in keiner heilen Welt. Auch die Igelfamilie hatte ihre Probleme, ihren Streit um eine gerechtere Ordnung und um eine gemeinsame Zukunft. Doch sie lebte in Frieden und Sicherheit. Und bei den meisten Igeln schlug das Herz für Freiheit und Unabhängigkeit.

Eines Tages wurde die Igelfamilie von einer Fuchsfamilie aus dem Nachbarland brutal überfallen. Füchse vereinnahmten einen Teil des Igel-Landes, obwohl es gegen die allgemein herrschende Friedensordnung verstieß, und wollten auch das übrige Land der Igel mit Gewalt erobern.

Überraschenderweise jedoch wehrte sich die Igelfamilie tapfer und aufopferungsvoll mit ihren begrenzten Möglichkeiten. Und womit die aggressiven und übermächtigen Füchse - vor allem ihr gieriger und zugleich eiskalter Anführer mit seinem unstillbaren Hunger - nicht gerechnet hatten: Viele andere Igelfamilien aus anderen Ländern unterstützten die Angegriffenen in ihrem Abwehrkampf. Die Unterstützer wussten, dass gefräßige Füchse noch gefräßiger werden, wenn sie nicht aufgehalten und zurückgedrängt werden. Je länger die Füchse jedoch im Land der Igel wüteten, desto häufiger wurde über die Solidarität mit den Überfallenen, die nicht kapitulieren wollten, diskutiert:

„Ihr müsst endlich verhandeln", meinten frustrierte Igel.

„Aber gerne; jedoch nur auf Augenhöhe. Denn ergibt es Sinn, mit einem verbrecherischen Fuchs über Frieden zu sprechen, wenn er alles zerstört und endgültige Unterwerfung verlangt?" „Wir müssen auch an uns denken!" sagten ermüdete Unterstützer. „Aber genau das tun wir, wenn wir die angegriffenen Igel unterstützen, weil der Fuchs auch unsere Freiheit, unser Leben und unser Land gefährdet und uns erpressbar machen will." Und ihre Solidarität sei mehr als eine Sprechblase, mehr als eine Leistung nach Kassenlage. Es komme jetzt auf eine lebenswichtige Unterstützung zum gegenseitigen Nutzen der großen Wertefamilie an.

Manche Igel jedoch, die es gut meinten, aber auf den Leim der Fuchspropaganda hereingefallen waren, riefen verängstigt: „Lasst uns die Stacheln ablegen. Die erzürnen nur den Fuchs." Andere Igel erwiderten, man müsse das unberechenbare Böse, das maßlos und gnadenlos zerstöre, mit richtigen Mitteln – auch mit „neuen Stacheln" – glaubwürdig abschrecken und bändigen, damit es nicht triumphierend weitere Kreise ziehe.

Der Anführer der Füchse - nicht selten im ideologischen Schafsfell - , der sich selbst wie eine historische und spirituelle Lichtgestalt wahrnahm, ergötzte sich über die Erfolge seiner Propaganda, über seine glühenden Bewunderer und die panische Angst einzelner Igel vor möglichen Folgen für sich selbst, vor allem über die Stimmen der Igel ohne Stacheln. Und der narzisstische Führer und spalterische Verführer fühlte sich ermutigt, weiterhin hemmungslos und ohne Skrupel auch gegenüber seiner eigenen Familie mit zerstörerischer Gewalt auf Jagd zu gehen.

Doch wenn die Welt nie heil - ein friedlicher „Garten Eden" - wird, so muss sie auch nicht heillos - eine gottverlassene „tödliche Hölle" - bleiben. Eine zerrissene Welt kann heilbarer werden. Und zwar durch Geschlossenheit und Entschlossenheit aller freiheitsliebenden Kräfte, die für ein freiverantwortliches Leben in Würde und einen nachhaltigen Frieden in Sicherheit kämpfen. Nicht mit dem Gift der Gleichgültigkeit und Selbstisolierung, Blauäugigkeit oder Selbsttäuschung. Wohl aber mit klarer Wehrhaftigkeit und glaubwürdiger Abschreckung, Klugheit und Vernunft, die aus der Quelle zivilisierter Menschlichkeit schöpfen.

Manche Igel mit Stacheln kennen in ihren Zweifeln und Ängsten auch den guten Kampf des Glaubens, der die Perspektive des Gottvertrauens und Selbstvertrauens eröffnet. Sie wissen, dass der Urheber des Krieges, der ihn jederzeit beenden könnte, nicht unsterblich ist und eines Tages zur Rechenschaft gezogen wird. Sie werden von der Hoffnung auf eine neue Welt in der alten Welt getragen.

Feindesliebe als Herausforderung

Bei einem eiskalten Engel bekommt man schnell eiskalte Füße. Verständlich, wenn sich viele vom Acker machen. Bei einem geistlosen Fanatiker, der sich auch nicht von der kritischen Vernunft begeistern lässt, erscheinen Gespräche zwecklos. Und bei gut getarnten Maskenträgern besteht stets die Gefahr, über den Tisch gezogen zu werden.

Die Ohren dieser „Typen", die manchmal auch in ein und derselben Person wüten, bleiben bei Appellen, sich doch anständig und zivilisiert zu verhalten, verschlossen. Und auch Christen sind keine Unschuldslämmer, insbesondere wenn man an die Forderung Jesu denkt, den „Markenkern" seiner Botschaft: *„Liebet auch eure Feinde. Wenn ihr nur die liebt, die euch lieben, was tut ihr Besonderes, das tun auch die Heiden".* (Mt 5,44ff)

Sind Christen und Nichtchristen, die sich von der „Feindesliebe" bewegen lassen, naive Träumer, religiöse Sonderlinge, politische Außenseiter? Gehören sie zu einer weltfremden Illusionsgemeinschaft?

Man sollte Jesus, der vom Geist Gottes erfüllt war, nicht missverstehen. Seine Botschaft knüpft an Realitäten an, setzt Feindschaft voraus, kennt Hass, Neid und Gewalt, Unbelehrbarkeit, Verlogenheit und Heuchelei. Und zurzeit Jesu hätten seine Freunde sowieso keine Chance gehabt, rechtlich Gehör zu finden; sie saßen sozusagen zwischen den Stühlen des jüdischen und des römischen Rechts. Aber dennoch oder gerade deshalb erscheint es Jesus offenbar wichtig: Kein Mensch soll zu keiner Zeit und an keinem Ort zum Glauben an ihn und an Gott gezwungen werden – wohl auch nicht mit einer Moralkeule, einem religiösen Holzhammer oder einem militärischen Schwert. Seine Botschaft von der Liebe Gottes gilt vielmehr allen Menschen, sowohl Freunden als auch Feinden – wie die Sonne für alle scheint. Und kann als Geschenk nur freiwillig im Gottvertrauen ergriffen und als unantastbare Würde begriffen werden.

Aktuell gibt es viele taube Ohren: Hemmungslose Mörder und machthungrige Verbrecher, skrupellose Drogenbosse und menschenverachtende Mafiabosse verachten nicht nur Rechtsstaat und Menschenrechte, sondern lassen sich auch nicht von Lichterketten oder Gebetskreisen beeindrucken. Scheinbar bärenstarke und aggressive Machtmenschen, die nur das Gesetz des Stärkeren kennen, kein Mitleid mit ihren Opfern haben, verstehen nur eine glaubhafte Abschreckung, eine starke und wehrhafte „Feuerwehr". Und würden einen „Frieden durch Selbstaufgabe" nur als Einladung missverstehen, weitere zerstörerische Brände zu legen.

Aber in einer demokratischen Gesellschaft kann die „Feindesliebe" eine Relevanz bekommen – nicht als politisches Rezeptbuch, eher als ethischer Wegweiser, als realistischer

Spiegel und als Quelle mutiger Kraft zum Widerspruch: Wenn z.B. gegen Andersdenkende, Andersgläubige, Anderslebende beleidigend gehetzt wird; Völkermord verharmlost oder Verbrechen verherrlicht werden; ein Mensch – auch ein „Feind" - zu Unrecht benachteiligt oder unfair behandelt wird. „Feindesliebe" will das Miteinander oder Nebeneinander weder „versalzen" noch „salzlos" lassen. Als ein Schwert des argumentativen Geistes kann es das ganze Leben erneuern – durch eine gewalt- und angstfreie Auseinandersetzung, durch die Unterscheidung von Sachkritik und Personenkritik, durch eine Kompromiss- und Verständigungsbereitschaft, durch den Vorrang des Rechts vor dem Gesetz des Dschungels. Auch durch die Möglichkeit, dass aus Feinden Freunde werden können. Oder dass die Boshaftigkeit der Feinde ausgehalten, vor allem in Grenzen im Rahmen von Recht und Gesetz gehalten wird. Die Macht der Bosheit soll nicht auch noch ein freies Leben vergiften, spalten und ungenießbar machen. Und im Glauben behält Gott als letzte Verantwortungsinstanz durch den Horizont seiner schöpferischen Liebe, der keine Grenzen kennt, das letzte Wort.

Demokratisch streiten

Kennen Sie, lieber Leser, streit*lustige* Menschen, mit denen Sie reden können? Oder mehr streit*süchtige* Menschen, die ständig provozieren, indem sie immer wieder altes Salz in (fast) geheilte Wunden streuen? Oder vor allem Streit*verweigerer*, die einfach ihre Ruhe haben und ihren Frieden genießen wollen?

Bei manchen Menschen braucht man in manchen Situationen viel Geduld, Nervenkraft und Standfestigkeit: Zum Beispiel bei einem, den die Wut gepackt und die Kontrolle über seine Gefühle verloren hat. Oder der gefühllos andere eiskalt vor den Kopf stößt und noch stolz auf sein Verhalten ist.

Oder der nur gehässige Parolen nachplappert, menschenverachtende Feindbilder vertritt und verblendet sowie kopflos geworden ist. Der partout keine Fakten wahrnehmen will, weil er die eigenen vier Wände seines in Stein gemeißelten „Wissens" nicht verlassen will. Der im Raum der Freiheit die Freiheit anderer mit verbaler Gewalt zu zerstören versucht.

Manchmal scheint ein freiheitsliebender Mensch mit seinem Latein am Ende zu sein. Wenn einer nicht sprechen, nur schreien und brüllen will; nicht hören, nur belehren und Leere verbreiten will;

sich nicht austauschen, nur Recht haben und sich durchsetzen will. Wenn einer nicht Person und Sache, Sein und Schein unterscheiden kann, sondern nur Schwarz und Weiß, Gut und Böse, Freund und Feind, aber keine Zwischen- und Grautöne sowie Schnittstellen und mögliche Entwicklungen kennt.

Soll dann konfliktscheu und ängstlich „um des lieben Friedens willen" alles mit dem Mantel der Liebe zugedeckt werden? Muss die eigene Schere im Kopf immer größer werden, darf man nur noch das sagen und tun, was der andere erwartet, muss man sich dem Diktat eines Fanatikers beugen?

Oder hilft es, mit der Keule der Moral zurückzuschlagen, einen Sturm der Empörung zu entfachen und doch zum zahnlosen Tiger zu werden, weil Folgen ausbleiben und Hass und Neid, Dummheit und Hochmut nicht einfach verschwinden?

Den Raum der Freiheit aller, der zugleich ein Raum der Sicherheit und des Rechts ist, verteidigt man nicht mit einem Holzhammer, auch nicht mit Samthandschuhen, wohl aber mit dem Florett der aufgeklärten Vernunft, das einen souveränen und resilienten Umgang mit Konflikten und Gewalt ermöglicht: Manchmal müssen erhitzte Menschen erst abkühlen, um zur Besinnung zu kommen. Manchmal muss man zänkische Streithansl oder unbelehrbare Aktivisten ins Leere laufen lassen, um nicht in ihre Falle der Eskalation zu tappen. Manchmal müssen Wahrheitsfanatiker aber auch konsequent in ihre Schranken verwiesen werden, um offene

Spielräume der wehrhaften Freiheit mit Spielregeln im Rahmen der Verfassung zu ermöglichen.

Es geht bei einer idealen demokratischen Streitkultur nicht um phrasenhaftes Gerede oder um inszenierte Selbstdarstellungen, weniger um den Austausch von Nettigkeiten oder um eine Fusion kontroverser Positionen. Vor allem sollte es - bei gegenseitiger Wertschätzung - um das bessere Argument in Abwägungsprozessen gehen, damit nicht Unvernunft und Gewalt triumphieren, sondern Unterschiede ausgehalten, neue Erkenntnisse gewonnen und tragfähige Lösungen komplexer Probleme gemeinsam gefunden werden können.

Und manchmal gelingt es auch, tragfähige Brücken über tiefe Gräben ins dynamische Spannungsfeld von Bewahren und Verändern zu bauen.

Fairness als Bedingung

Der Wunsch, fair behandelt zu werden, ist keine weltfremde Frömmelei, keine spießige Moral, auch keine unerreichbare Illusion. Dennoch oder gerade deshalb wird mal laut und selbstbewusst, mal flüsternd und ängstlich geklagt: „Ich fühle mich unfair behandelt."

Wer nicht total abgestumpft oder völlig selbstgerecht durch die soziale Landschaft spaziert, sondern über einen seelischen Seismographen verfügt, kann diese Stimmungen im Stimmengewirr der Zeit wahrnehmen.

Einige Beispiele: „Das war eine unfaire Entscheidung", kritisiert ein Fan den Schiedsrichter. „Der Lehrer verteilt seine Noten nach Gutdünken", behauptet ein Schüler. „Wer dem Chef widerspricht, hat schlechte Karten", verbreitet ein Mitarbeiter. „Der Politiker denkt nur an seine Klientel, vor allem jedoch an sich", schimpft ein Bürger. „Meine neidische Schwester hat miese Gerüchte über mich verbreitet", beschwert sich ihr Bruder. „Das Leben ist nicht fair", sagt ein Mann weinend, dessen geliebte Frau plötzlich verstorben ist.

Der stille Ruf nach Fairness kann unter die Haut gehen, besonders wenn es keine schnellen Antworten gibt. Doch Fairness gleicht häufig einem Diamanten, der manchmal verdunkelt ist oder manchmal auch versteckt irgendwo liegt. Aber muss er im Sumpf dumpfer Gefühle oder gekränkter

Befindlichkeiten stets untergehen? Kann der Rohdiamant Fairness nicht gefunden und geschliffen werden?

Wenn ein Mensch es will, kann er aus dem wertvollen Stein „Fairness" etwas Lebensdienliches machen: Der *Wert* Fairness wird zur *Norm* seines Verhaltens, indem er sich fair verhält. Und aus dieser Norm z. B. der *Grundsatz* „Auch die andere Seite ist zu hören" sowie die *Regel* „Bitte um ein Gespräch oder Erklärung", um sich eine eigene Meinung bilden zu können - vorausgesetzt, die „Klage" erscheint ihm „wichtig" und nicht nur als Ventil, Dampf aus dem Kessel der „Ungerechtigkeiten" zu lassen.

Das Leben ist zu kurz und zu einmalig, aber auch zu schön und zu voll mit Chancen und Perspektiven, um sich mit Unfairness - auch wenn sie im Gewand der Selbstgefälligkeit daher stolziert - spitze Steine auf die eigene Seele zu legen. Christen und Nichtchristen können vielmehr am Beispiel Jesu lernen, nicht mit zerstörerischen Steinen zu werfen, sondern Diamanten im Sumpf der Ungerechtigkeiten zu suchen: Faire Lösungen, die eine nachhaltige Leucht- und Wirkkraft entwickeln, die neues Vertrauen durch besseres Verstehen und gemeinsame Verständigung sowie ein gerechteres und glücklicheres Leben ermöglichen.

Menschlich bleiben:
Amor, Justitia, Libertas

Amor, kein Unbekannter, begehrte Einlass. Doch die beiden Götter waren sich einig: „Den brauchen wir hier nicht". Nur lernen, das dürfe er. Also hörte der kleine Gott der schalkhaften und überraschenden Liebe den beiden Mächtigen zu.

Justitia, die Göttin der Gerechtigkeit, erklärte stolz ihre Aufgaben. „Ich bin unabhängig und sorge für Fairness. Schau dir diese *Augenbinde* an. Wenn ich sie trage, kann ich leichter ohne Ansehen der Person urteilen; wenn ich sie nicht trage," schmunzelte sie, „dann kann ich leichter in der Gleichheit aller vor dem Gesetz die Ungleichheit der Menschen entdecken". Und welche Bedeutung hat die *Balkenwaage*? „Wenn ich jedem gerecht werden will, muss ich abwägen, Bedingungen und Entwicklungen berücksichtigen." Doch auch sie müsse sich dabei stets an Recht und Gesetz halten. „In diesen *Büchern*" - und sie hielt Amor das Grundgesetz und Gesetzesbücher unter die Nase - „findest du Maßstäbe und Regeln, - den Rahmen, an den sich alle, auch ich selbst, halten müssen, damit der Zusammenhalt bei aller Vielfalt und ein friedliches Miteinander möglich wird ".

Als Amor versehentlich ihr *Schwert*, das sie in der rechten Hand hielt, berührte und dabei erschrak, sagte Justitia nachdenklich: „Ohne harte Strafen, die konsequent durchgesetzt werden, würde ich zum zahnlosen Löwen". Doch mit dem

Schwert der Urteilskraft gelinge es, leichter den Buchstaben vom Geist des Gesetzes sowie Recht und Unrecht zu unterscheiden. Auch gehöre es zu ihren Aufgaben, die *Schlange* – Justitia stand mit einem Fuß auf ihr – daran zu hindern, ihr Gift des Neides, des Hasses und der Gier sowie des Gesetzesbruches zu verbreiten. Ungerechtigkeit und Unrecht zu überwinden und Gerechtigkeit, die ausgleicht und austeilt zu ermöglichen, sei ihr Ziel.

Jetzt erhob **Libertas**, die Göttin der Freiheit, ihre Stimme. „Ich vertrete ein natürliches Recht, das alle haben. Auch du, Amor, darfst deine Meinung unbefangen sagen, ohne Furcht vor Ersatzgöttern oder Halbgöttern, die keine anderen Götter neben sich oder sonstige Konkurrenz dulden. Setz diesen *Hut* auf als ein Zeichen, dass du kein unmündiger Sklave bist, auch kein unkritischer Mitläufer einer Religion, Moral, Weltanschauung oder einer Gruppe, sondern dass du ein aufgeklärter Sohn der Selbstbestimmung sein willst, der einen eigenen Mund hat und sein Leben eigenverantwortlich gestalten will." Wie eine Eule voller weiser Warnungen, ohne Eulen nach Athen tragen zu wollen, sprach Libertas noch von „Goldenen *Zügeln*", „ideologischen *Scheuklappen*", „*Maulkörben*" und „*Scheren* im Kopf", die es zu vermeiden gelte, um im Meinungskampf als Freier bestehen zu können.

Und dann reichte Libertas Amor noch ein *Schwert*, das dem Schwert der Justitia ähnelte, damit er frei von bevormundenden Lehren, leeren Normen, falschen Behauptungen oder willkürlichem Handeln bleibe und im Kampf um die Freiheit gerüstet sei, Chancen-, Leistungs-, Bedarfs- und Generationengerechtigkeit zu suchen und umzusetzen. Als Amor irritiert wirkte, ergänzte Libertas: „Mit diesem Schwert der freien Vernunft kannst du Sachkritik von Schmähkritik unterscheiden, die Freiheit vor Beleidigungen, Hetze und Gewalt verteidigen sowie die Freiheit Andersdenkender sichern." Und dann kam ein weiser Satz: Vor allem solle Amor sein Selbst finden, wahren und entwickeln, stets die Freiheit im Respekt vor der Freiheit des anderen wählen.

Doch **Amor**, der genau zuhörte, trug eine *Augenbinde*. Als er sie abnahm, sah er keine Götter, sondern Menschen, die sich in ihrer Geschaffenheit, Unvollkommenheit und Begrenztheit nach einem Gott der Liebe sehnten. Und er traf mit zwei Pfeilen das Herz dieser Geschöpfe und Ebenbilder Gottes, damit sie mit hingebender Leidenschaft und persönlicher Verantwortung ihre Aufgaben wahrnehmen. Denn nur mit coolem Kopf und brennendem Herzen werden aus Worten lebendige Taten.

Und auch ein Machtmensch bleibt ein Mensch. Und Menschlichkeit ist keine Schwäche, sondern eine Stärke.

Echte und falsche Freunde

Neulich rief mich ein alter Freund an. Lange hatten wir nichts voneinander gehört. Dennoch hatte ich das Gefühl, als wenn wir uns erst gestern gesprochen hätten. Die „Chemie" zwischen uns stimmte (immer noch). Wir erinnerten uns an gemeinsame Zeiten, in denen wir viel gelacht und unternommen, manchmal auch heftig diskutiert hatten, jedoch uns immer wieder verständigen oder unsere unterschiedlichen Meinungen aushalten konnten. Vor allem lebte die Freundschaft vom Vertrauen und von Verschwiegenheit, von Zuverlässigkeit und Hilfsbereitschaft, von Gegenseitigkeit und Freiwilligkeit. Und keiner machte sich vom Acker, wenn es brenzlig wurde. Im Gegenteil: Dankbar dachten wir an Situationen, in denen der andere nicht anwesend war oder sein konnte, aber die Unterstützung des Freundes erhielt, damit mit ihm fair umgegangen wurde.

Falsche Freunde gibt es reichlich: Wenn zum Beispiel der Feind des Feindes zum Freund wird, um eigene Interessen durchzusetzen. Oder sich der Freund des Feindes automatisch zum Feind verwandelt, weil bedingungslose Gefolgschaft verlangt wird. Oder wenn von Freundschaft zwar geredet wird, aber die eigene Lust-, Nutzen- oder Vorteilsvermehrung gemeint ist.

Schlimm sind jedoch auch *Schein*freunde: Als sich eine sympathische und anerkannte Professorin zu einer demokratischen Partei bekannte, die nicht im Elfenbeinturm der Uni gerade beliebt war, wurde das Band der vielen „Freunde" wie von Geisterhand von Kollegen und Studenten zerschnitten. Als wenn die Vielfalt der Positionen plötzlich nicht mehr gefragt und vor allem die Professorin ein anderer Mensch geworden wäre?!

Ein *wahrer* Freund ist kein Zauberer, der seinen Freund trickreich verzaubert oder seine Not einfach wegzaubert, wohl aber dessen seelisches Wohlbefinden stärkt oder sein Leiden erträglicher zu machen versucht. Ein wahrer Freund ist kein Schulmeister, der seinem Freund unsensible (Rat-) Schläge gibt oder giftige Noten verteilt, wohl aber sich mit ihm kritisch und ehrlich austauscht und gemeinsam mit ihm – wenn er es will – Antworten oder Lösungen angesichts von Problemen sucht. Ein wahrer Freund ist kein Spieler, der aus Mitleid oder Eigennutz seinem Freund den Ball zuspielt oder ins Team aufnimmt, sondern ihn wertschätzend anerkennt und – wenn es möglich und zu verantworten ist – fördert und gemeinsame Ziele verfolgt.

Mit meinem Freund kann ich übrigens auch über den „Freund Gottes" (Jes.41,8) sprechen, über Abraham, der erlebt hat, dass Gott ein vertrauenswürdiger Wegbegleiter und Wegbereiter ist, der Menschen in die Freiheit, Tiefe und Weite eines erneuerten sowie eigenverantwortlichen Lebens führt – aus Freundschaft und Liebe.

Weltweite Vision

Trotz allem.

Eine Vision – eine Vorwegnahme der Zukunft – muss keine unrealistische Schwärmerei und auch keine Moralkeule sein. Die Vision einer weltweiten zivilisierten Kultur – unabhängig von Religion oder Weltanschauung – kann vielmehr schon jetzt starke Menschlichkeit mobilisieren und wehrhafte Lebensgeister wecken: Sich selbst und seine Mitmenschen vor Hass und Lüge, Doppelmoral und Heuchelei, Gewalt und Unrecht zu verteidigen; vor allem unschuldige und wehrlose Menschen vor Brutalität und Bosheit zu schützen und ihnen beizustehen, damit sie frei und sicher, souverän und glücklich leben können. Die Entwicklung einer weltumspannenden **Vision** fängt bei jedem einzelnen an:

Würdevoller zu leben, indem die angeborene Würde sowie die angeborene Freiheit anderer so geachtet werden, wie man selbst geachtet und behandelt werden will.

Gerechter zu leben, indem Lebenschancen für alle gesucht und unterschiedliche Leistungen anerkannt werden; dem Schwachen zur Selbsthilfe, dem Hilflosen solidarisch geholfen wird; die Folgen des Handelns stets für die Mit-, Umwelt- und Nachwelt mitbedacht werden.

Wahrhaftiger zu leben, indem Wahrheiten und Kompromisse, Lösungen und Optionen immer wieder neu und fair gesucht werden, die Kluft von Sein und Schein glaubwürdig überwunden wird.

Toleranter zu leben, indem Unterschiede und Vielfalt im Rahmen geltender Gesetze geachtet werden, Person und Sache unterschieden sowie die Entwicklung der Persönlichkeit ermöglicht wird.

Taktvoller zu leben, indem Rücksicht auf die Gefühle und die persönliche Situation anderer Menschen genommen wird; durch kulturelle Umgangsformen menschliches Format entstehen kann.

Barmherziger zu leben, indem Neuanfänge gewagt und Verantwortung wahrgenommen wird, weil kein Mensch perfekt, eine austauschbare Ware oder ein zu funktionierender Automat ist.

Leidenschaftlicher zu leben, indem für das richtig Erkannte, das aktuell Notwendige, das langfristig Gebotene zugleich mutig und besonnen, tapfer und klug, stark und verantwortungsbewusst gekämpft wird.

Die gelebte Vision überwindet sowohl ein rein effizientes oder gleichgültiges Durchwursteln als auch ein unberechenbares oder machtsüchtiges Durcheinander. Sie vermittelt Haltung, Halt und Zusammenhalt, bremst Unmenschlichkeit und fördert ein zivilisiertes Miteinander mitten in allen Realitäten. Dennoch.

Begrenzte Macht

Fesch. Ein echter Hingucker! meint eine Frau, die einen viel zu kleinen Kaiser mit einer viel zu großen Krone begutachtet. Seltsam, denkt eine andere Person. Ein Kaiser ohne Kleider? Ausgerechnet der mächtige Heinrich IV, dickbäuchig, sich schämend, der in seinem Reich im 11.Jahrhundert sichtbare Spuren hinterlassen hat?!

Insgesamt 16 Symbolfiguren des Künstlers Jochen Müller „tummeln" sich im Bad Harzburger Jungbrunnen der Gegenwart. (Fast) alle beschäftigen sich in humorvoller und ironischer Weise mit einem Dauerthema der Menschheit, mit Unsterblichkeit und Verjüngung. Und nehmen dabei wahlweise Selbstverliebtheit und Selbstbespiegelung, Selbsttäuschung und Selbsterhöhung, übertriebenen Ehrgeiz und unerfüllbare Erwartungen aufs Korn.

Seit Menschengedenken träumen Menschen von ewiger Jugend. Doch noch nie hat es einen unsterblichen Menschen gegeben. Der Vorgang des individuellen Alterns lässt sich zwar verlangsamen, aber grundsätzlich verhindern lässt er sich nicht.

Dennoch muss kein Mensch seiner Jugend nachtrauern oder einem Jugendwahn frönen. Und keiner muss voller Schrecken an sein Altwerden denken oder das Alter glorifizieren. Wer in seinem Leben lernt sich anzunehmen, kann bewusst reifen, wachsen und neue Früchte finden und genießen. Als Handelnder – nicht als ständiges Opfer – wird er trotz Krisen einen besonderen "Frühling", neue sinnstiftende Lebensmöglichkeiten, entdecken – auch gereifte Schönheit, Lebensfreude und Genuss.

Ob in unseren Tagen große und kleine Zaren, ihr Gefolge sowie Zuschauer am Seitenrand wissen, dass sie – wie der Kaiser im Jungbrunnen – alle „nackt" sind, wenn sie geboren werden, aber auch wenn sie sterben? Dass ihre entgrenzte Allmacht „natürlich" begrenzt ist? Keiner von ihnen braucht unbedingt eine Wohlfühl-Oase. Wohl aber kann jeder durch eine geistige Wellness-Oase erneuert werden: Indem sich ein Mensch durch das Wasser liebender Vernunft befreien lässt - vom Korsett der Selbstsucht und der Selbstgerechtigkeit sowie von den Fesseln des Neides und der Gewalt, um seine Verantwortung vor der Mit- und Nachwelt wahrzunehmen. Ein besonderes Erlebnis kennt eine christliche Oase, wenn sie nicht versteckt oder nur Hingucker ist. Sie schenkt in allen Zumutungen, aller Heimatlosigkeit und Angst eine geistliche Wohltat mit sozialer und menschlicher Wirkung - durch Gott- und Christusvertrauen, unabhängig vom Lebensalter.

Kompass christlicher Ethik

Christliche Ethik - das Handeln, das vom christlichen Glauben geprägt ist und sich an der biblischen Botschaft orientiert - ist *zugleich Gesinnungs- und Verantwortungsethik.*

Sie ist keine Sonder-, Super-, Zwei-Stufen- oder Durchschnitts- Ethik; sie sollte nicht mit Bevormundung, Schwärmerei, Prinzipienreiterei oder reinem Pragmatismus verwechselt werden.

Christliche Ethik kann mit einem **Kompass** verglichen werden – keinem Rezeptbuch -, der zu einem gelingenden Leben durch Gott, vor Gott und mit Gott einlädt; die Bibel kennt verschiedene Lebensperspektiven:

die **Nadel** der **Folgen** (konsekutive Ethik)

dem Glauben/der Dankbarkeit **folgt** die Liebe

z.b. Mt 18,21-35

„Schalksknecht":

wer Liebe erfahren hat, soll Liebe weitergeben;

Geliebte werden befähigt zu lieben.

die **Nadel** der **Forderungen** (imperativische Ethik)

dem Glauben **soll** die Liebe/Weisheit folgen

z.B. Mt 7,12

„Goldene Regel": „Alles nun, was ihr wollt, das euch die Leute tun sollen, das tut ihnen auch."

Wer selbst fair behandelt werden will, sollte sich auch fair verhalten. Aufforderung, offensiv und positiv, empathisch und produktiv zu handeln.

oder Ex 20,13

„Du sollst nicht töten";

im hebräischen Original „nicht morden"

die **Nadel** der **Einheit** (indikativische Ethik)

Glaube und Liebe/Leben **sind** eine Einheit

z.b. Gal 5,25

„Wenn wir im Geist leben,

so lasst uns auch im Geist wandeln."

Wer den Geist der Liebe einatmet, wird ihn auch ausatmen.

Röm 11,36a

„Denn von ihm und durch ihn und zu ihm sind alle Dinge."

Das Geschöpf bleibt als Teil der Schöpfung

mit dem Schöpfer verbunden.

die **Nadel** der **Freiheit** und **Verantwortung**

(konkrete Ethik)

der Christ ist **frei** zur Liebe in kritischer Vernunft und leidenschaftlicher Verantwortung

z.B. 1.Kor 6,12

„Alles ist mir erlaubt, aber nicht alles dient zum Guten."

55

Zur Freiheit gehören Rücksichtnahme und Nachhaltigkeit.

Mk 2,27a

„Der Sabbat ist um des Menschen willen gemacht."
Alle Mittel dienen dem Menschen, wenn ihre Mitte und ihr
eigentlicher Sinn entdeckt worden ist.

Lk 10,30-37

„Der barmherzige Samariter":
Nächstenliebe geschieht aktuell und konkret im
solidarischen Vollzug, ist freiwillig und persönlich,
bedingungslos, vorurteilsfrei und grundsätzlich grenzenlos,
zielt auf Hilfe zur Selbsthilfe durch
Professionalität und Delegation

die **Nadel** der **Würde** (universalistische Ethik)
alle Menschen sind für Christen Ebenbilder Gottes;

Gen 1,27a

„Und Gott schuf den Menschen zu seinem Bilde."
die angeborene und von Gott geschenkte Würde
ist unantastbar, unverlierbar, unverfügbar und unteilbar

2. Kor 4, 4

Christus ist das *„Ebenbild Gottes"*;
Christus als das Spiegelbild Gottes ermöglicht
Grundvertrauen in den mitleidenden und selbstleidenden
sowie in den neuschaffenden und erlösenden Gott

Der christliche Kompass, in welcher Situation auch immer, hilft nicht wie ein anweisendes Navi oder wie ein verbindliches Straßenverzeichnis, wohl aber gibt er Orientierung auch im Bereich der Politik bei der verantwortungsvollen Suche nach einem gelingenden Leben vor und mit Gott.

In den Stürmen des Lebens
zuversichtlich bleiben ...

Vertrauen wagen - das trägt

Hoffnung nicht aufgeben - das beflügelt

Liebe schenken - das würdigt

Vernunft nicht verachten – das erneuert

Mut fassen – das gibt Kraft

Humor nicht verlieren – das befreit

Freundschaft erleben – das hilft

Gott suchen – die Quelle der **Zuversicht.**

Im Lebenskampf

Der Löwe...

Er hat <u>offene Augen</u>, ohne traumtänzerisch zu werden.

Er trägt keine Scheuklappen, verzichtet auf die Schere im Kopf.

Er kämpft für *Freiheit*.

Jeder soll eigenverantwortlich und sicher leben können.

Er kann <u>brüllen</u>, ohne fanatisch zu werden.

Er schweigt nicht, wenn Gewalt und Trickserei herrschen.

Er kämpft für Gerechtigkeit.

Jeder soll fair und persönlich seine Chance erhalten.

Er kann <u>beißen</u>, ohne bissig zu werden.

Er ist nicht zahnlos, wenn Unmenschliches entwürdigt.

Er kämpft für die unantastbare *Würde* aller.

Jeder soll menschlich und gerecht behandelt werden.

Er ist <u>stark</u>, ohne herzlos zu werden.

Er versteckt sich nicht, wenn es Konflikte gibt.

Er kämpft für eine gerechte *Gesellschaft* in Vielfalt und Einheit.

Jeder soll seine Rechte und Pflichten wahrnehmen können.

Er kann <u>springen</u>, ohne kopflos zu werden.

Er ist nicht gleichgültig, wenn er gebraucht wird.

Er kämpft für ein neues und erneuertes *Leben* aller.
Jeder soll sozialen und ökonomischen Fortschritt erfahren
können.

Und auf einen Vorgeschmack auf die Ewigkeit hoffen dürfen.

...im Lebenskampf

Früchte des Reifens:
Gravitas, Auctoritas, Sophia, Fides

Unbekannte Gäste stehen vor einer Tür und klopfen an. Eine Stimme ist zu hören: „Ja, bitte?!"

Ein *erster* Gast sagt: „Ich bin **Gravitas**." Und stellt sich vor: Sie sei der *Ernst* des Lebens. Sie habe in ihrem Leben Höhen und Tiefen erlebt. Durststrecken und Stürme hätten sie getroffen, irritiert und erschüttert. Aber in den Zeiten der Not sei sie gereift. Tiefpunkte hätten sich als Wendepunkte entpuppt. Endlichkeit und Vergänglichkeit, Menschlichkeit und Sinnerfahrungen seien ihr immer wichtiger geworden. Und sie habe ein besonderes Verantwortungsgefühl entwickelt.

Ein *zweiter* Gast stellt sich als **Auctoritas** vor. Ihr Aussehen trage die Spuren der Zeit. Aus strahlender Jugendlichkeit sei ein sichtbares Zeugnis ihrer Erfahrungen geworden, das jedoch von altersloser Schönheit rede. Vor allem sei jedoch ihr *Ansehen* gewachsen, weil sie seltener schlechtes Theater spiele und mehr ihre Freiheit wahrnehme, sie selbst zu sein und mit eigenen Widersprüchen zu leben - oder sie vernünftig zu überwinden. Im Alter sei sie immer unabhängiger im Denken und Handeln sowie zugleich solidarischer und fürsorglicher geworden.

Der *dritte* Gast mit Namen **Sophia** berichtet: „Manche wollen mich nicht kennenlernen". Sie blieben Gewohnheitstiere, würden noch dickfälliger und sturer. Um- oder verlernen sei auch schwerer als neu- oder dazuzulernen. Aber wer neugierig und vorurteilsfrei auf neue Balkone trete, könne weiter sehen und Zusammenhänge entdecken. Wer selbstkritisch und beweglich bleibe, müsse zu keiner Marionette der Bedingungen werden, sondern könne als Stehaufmännchen Widerstandskräfte entwickeln. Wer die Brille eines anderen aufsetze, könne mit den Augen des anderen besser sehen lernen – und unterschiedliche Empfindungen und Wahrnehmungen aushalten. Und wer die *Weisheit* liebe, wisse: Es gibt kein Glück ohne Unglück. Und keine Leidenschaft ohne Leiden.

Da ist noch ein *vierter* Gast, der Einlass begehrt: „Ich heiße **Fides**". Das Altern sei für sie kein ständiger Abstieg vom Berg des Lebens, auch kein ständiges Tal. Sie stehe für neue Wege mit neuen Möglichkeiten und neuen Entwicklungschancen, weil sie Grund- und Gott- *Vertrauen* verkörpere. In ihrem Rucksack befinde sich die Erfahrung, die sie gesammelt hat und zugleich Zuversicht, dass Gott als unsichtbarer Wegegleiter und Wegbereiter mitgehe - sowie Werte wie schöpferische Liebe, die nur Neuanfänge kenne sowie Kraft und neuen Sinn schenke. Die Liebe, die nicht Angst mache, belehre oder bestrafe, sondern teile, verzeihe und heile, ermutige weiterzugehen, suchend voranzuschreiten bis Türen geöffnet würden: Das zum Schlüssel eines gelingenden und glücklichen Lebens Ernst, Ansehen, Weisheit und Vertrauen gehören, um das Leben reifen und neue Früchte wachsen zu lassen.

Unverlierbare Würde

In diesem Jahr wäre ein lieber Freund von mir fast 100 Jahre alt geworden. Ich erinnere mich gut an ihn, wie er seine Lebensphilosophie, die in der Minden Ravensberger Frömmigkeit wurzelte, in vielen Diskussionen mit seiner Familie, seinen Freunden und im Beruf vertrat: Jeder Mensch sei ein Original, das ihn unverwechselbar mache, und jeder Mensch habe eine Würde, die ein Mensch nie verlieren würde. Ich selbst habe dieser Botschaft gerne zugestimmt, weil ich etwas von der Einmaligkeit, Kostbarkeit und Besonderheit menschlichen Lebens in Gemeinschaft verspürte. Aber richtig unter die Haut gegangen ist sie mir erst, als mein Freund im hohen Alter an einer schweren Demenz erkrankte.

Er konnte immer weniger die Welt um ihn herum „realistisch wahrnehmen", vergaß immer mehr, verwechselte immer häufiger Personen und Orte, wurde orientierungsloser, unruhiger, nervöser und schien langsam in eine andere Welt einzutreten, die für die Familie und seinen Freundeskreis wie verschlossen erschien. Nur eine Brücke war fast bis zum Ende seines Lebens für alle begehbar und erlebbar: Das Spielen von Liedern auf seiner Mundharmonika. Dann strahlten seine Augen, wenn seine Zuhörer nach einem gelungenen Vorspiel applaudierten und vor Freude weinen mussten. Je länger jedoch sein Krankheitsverlauf dauerte und er immer seltener in unserer Welt „Besuche" machte, was er wohl selbst verspürte, desto häufiger sagte er mit treuen und zugleich fragenden Augen: „Habe ich nicht auch eine Würde?!"

Spätestens jetzt hatte ich verstanden, was in jedem Leben wirklich wichtig bleibt: Ein Mensch lässt sich nicht auf Gesundheit oder Krankheit, Fitness oder Pflegebedürftigkeit, gute oder schlechte Prognose, aber auch nicht auf Erfolg oder Scheitern, Alter, Geschlecht, Herkunft, Gruppenzugehörigkeit, Gesinnung, Titel oder Mittel reduzieren. Denn seine Würde, die ihm angeboren ist, wird ein Mensch an keinem Ort und zu keinem Zeitpunkt los. Deshalb ist es „würdelos", Menschen in Schubfächer einzusortieren, um sie aussortieren zu können, sie in Vorurteile und Feindbilder einzusperren, um sie später als Sündenböcke in die Wüste schicken zu können oder zu verdinglichen.

Ich bin seiner Frau dankbar, dass sie ihn mit Hilfe ihrer Tochter und ambulanter Dienste bis zum Schluss seines Lebens pflegen konnte. Ich weiß jedoch auch, dass das nicht selbstverständlich war und jede Situation anders ist. Und dass andere familiäre Bedingungen andere verantwortbare, menschliche und soziale sowie medizinisch und pflegerische Lösungen erforderlich machen.

Doch die Würdegarantie, das habe ich gelernt, ist kein Selbstläufer, auch und gerade angesichts eines rein ökonomischen Denkens („Rendite um jeden Preis"), eines übertriebenen Egodenkens („Was hab ich davon?"), eines unsozialen

Denkens („Andere sind zuständig"), eines falschen Perfektionsdenkens („Nur das Perfekte zählt!"), sowie einer großen Gleichgültigkeit, Ahnungslosigkeit und Ängstlichkeit – alles Kräfte eines unaufgeklärten Denkens, die zur Entmenschlichung und Entwürdigung beitragen können. Und selbst hinter der Maske der Barmherzigkeit kann ein Mensch zum einseitigen Objekt – Kostenfaktor, Erlösfaktor - werden, das fürsorgliche Annahme sowie eine Freiheit und Selbstbestimmung im Leiden in Frage stellt.

Deshalb braucht die Würdegarantie eine spirituelle Verankerung – die reale Vision, dass die Würde ein Geschenk Gottes ist. Gott, der die letzte Verantwortungsinstanz jenseits jeglichen Denkens ist, will nicht, dass die menschliche Würde seines Ebenbildes geteilt, aufgeteilt oder verteilt wird. Dass vielmehr jeder Mensch zugleich Gerechtigkeit und Barmherzigkeit, Liebe in Verantwortung übt und erfährt.

Kostbare Lebenszeit: die Sanduhr

Alles hat seine Zeit, das wissen viele. Ist jetzt die Zeit gekommen, über die Lebenszeit nachzudenken?

Eine Fliege, die sich hektisch plagt, will nicht gestört werden: „Ich habe jetzt keine Zeit." Und knallt immer wieder verzweifelt gegen die Fensterscheibe, weil sie das „Wichtigere" sieht, aber die offene Tür übersieht, die in die Freiheit führt. Ein Zeitgefährte jedoch, der Halt und Orientierung sucht, ergreift die Gelegenheit beim Schopfe, als er eine Sanduhr sieht. Und er denkt in Ruhe nach.

Der Sand im oberen Kolben der Uhr rieselt scheinbar unbemerkt, aber unaufhaltsam. Der Sand - die einmalige Lebenszeit - wird immer weniger. Sie ist deshalb besonders wertvoll. Keiner kann die Zeit anhalten oder festhalten, zurückdrehen oder zurückholen, auch nicht einfach vermehren, herbeizaubern oder vorhersagen. Keiner kann eine Garantie geben, dass alles „beim Alten" bleibt. Die Lebenszeit - wie sie auch immer „gemessen" wird - bleibt ein kostbares Geschenk.

Manche jedoch stehlen anderen die Zeit, verplempern die eigene Zeit oder lassen sich von ihrem Terminkalender versklaven. Andere stecken den Kopf in den Sand, um die Endlichkeit und Zerbrechlichkeit nicht wahrnehmen zu müssen. Und missachten, dass sie kein Dauerabo auf unbegrenztes

Leben haben, auch wenn sie sich wie halbe Götter oder halbe Teufel aufführen. Andere streuen Sand in die Augen, um zu täuschen oder zu mauscheln; und verkennen, dass sie sich auf dünnem Eis bewegen, dass sie zu jeder Zeit enttarnt werden und sich selbst schädigen können. Wieder andere sind Sand im Getriebe, indem sie ihre Mitmenschen mit Nichtigkeiten und Eitelkeiten nerven. Und merken nicht, dass sie das Miteinander belasten und vergiften.

Doch das Symbol der Sanduhr lädt zu einer neuen Haltung ein: die eigene Lebenszeit anzunehmen - dankbar, nicht überheblich; selbstbewusst, nicht selbstherrlich; genussvoll, nicht hartherzig; und seine Zeit verantwortungsvoll zu füllen - z.B. mit echter Freude, liebender Vernunft und sinnstiftender Tätigkeit.

Wenn das Diesseits (oberer Kolben!) im Jenseits (unterer Kolben!) endet, geht nichts verloren. Und wenn die Sanduhr „auf den Kopf" gestellt wird, dann kann das Jenseits im Diesseits durch die „enge Öffnung" des Glaubens an den ewigen Gott eine Bedeutung erhalten: *Meine Zeit*, so ein Psalmbeter, *steht (stets und dennoch) in Gottes Händen* – nicht nur ihr Anfang und ihr Ende, sondern auch die Mitte der kostbaren Lebenszeit.

Chancen des Alterns:
Esel, Hund, Katze, Hahn

Ein *Esel* hatte in seinem Leben treue Dienste geleistet. Als er älter und schwächer geworden war, sollte er verkauft und in andere Hände gegeben werden. „Ist das gerecht?" fragte sich der Esel. „Werde ich jetzt nur noch höflich geduldet? Muss ich nur noch auf meinen Tod warten?" Er schrie „i-ah!": „Ich bin doch ein Esel und muss mir nicht alles gefallen lassen!" Auch er behalte seine Würde, selbst wenn er nicht mehr so leistungsfähig wie früher sei und nutzlos erscheine. Als der alte Esel von einem Ort hörte, wo es auch für ihn noch ein glückliches Leben geben könne, gab er sich einen Ruck und verließ seinen Stall.

Auf dem Weg begegnete ihm ein alter *Hund*, der jaulte: „Ich soll nur noch in meinem Zwinger bleiben, bis ich tot bin!" Aber er könne doch noch laut bellen, wenn sich Wölfe näherten. Und er sei immer noch in der Lage, die Schafherde zu verteidigen, sogar den Angreifer wegzubeißen.

Da kam eine alte *Katze* aus ihrem Versteck gekrochen, und fauchte: „Mir geht es ähnlich. Im Alter bin ich nur noch zum Kuscheln gut, aber meine Freiheit außerhalb des Hauses soll ich nicht mehr selbstbestimmt genießen dürfen!"

Da krähte ein alter *Hahn*: „Wohl wahr. Auch meine Stimme wird nicht mehr gerne gehört. Ich soll nur noch wie ein Papagei das nachplappern, was andere Stimmen vorplappern.

Oder meinen Schnabel halten, bis ich auf einem Teller gelandet bin."

Alle Tiere beschlossen, sich gemeinsam auf den Weg zum Sehnsuchtsort zu machen. Kein Tier wollte lieblos vom Leben ausgeschlossen werden und ein fremdbestimmtes Sterben auf Raten erleben.

In der folgenden Nacht entdeckten sie ein Haus, in dem Lichtgestalten mit Schattenspielen lebten. Im Brustton moralischer Überlegenheit sowie sachlicher Besserwisserei hörte man sie reden und über andere gehässig sprechen und lästern. Waren sie das alleinige Maß aller Dinge? Die Taktgeber und Bestimmer auch allen Lebens? Hatten sie die Weisheit mit Löffeln gegessen? Oder kochten sie nur ihr eigenes Süppchen?

Vor dem Fenster des Hauses positionierte sich das Quartett, furchtlos, aber nicht zahnlos: Der Hund stand auf dem Rücken des Esels; die Katze auf dem des Hundes, der Hahn auf dem der Katze. Mit vernehmbaren und klaren Worten sowie leidenschaftlicher Überzeugungskraft überraschten und vertrieben sie die mächtigen Alleswisser und Alleskönner aus dem Haus in die Nacht der Bedeutungslosigkeit.

Die Unterschätzten und Kleingehaltenen hatten durch ihren gemeinsamen Willen, frei und selbstbestimmt zu leben, sowie durch ihr solidarisches Handeln der eigenen

Entwürdigung die Stirn geboten, Klartext in ihrem Kontext geredet. Die Angst vor Veränderung und Kritik war gewichen und neues Selbstvertrauen entstanden. Nun konnte nachhaltiges Leben in vielfältiger Gemeinschaft gestaltet werden.

Und die Vier blieben in dem Haus wohnen, weil sie in der Bejahung ihrer jeweiligen Identität sowie im Zusammenhalt aller den Sehnsuchtsort in Würde, Freiheit und Sicherheit gefunden hatten.

Glück und Liebe: der geliebte Wurm

„Bin ich fähig zur großen Liebe?" fragte sich der kleine Wurm in einer ruhigen Minute. Da es ihn wurmte, im Nebel zu stochern, kroch er los, um eine Antwort irgendwo und irgendwie zu finden.

Da begegnete ihm ein schillernder Käfer. „Darf ich dich etwas fragen?" sagte der Wurm. Aber der Käfer winkte ab. Er habe keine Zeit, raste weiter, ohne ihn auch nur eines weiteren Blickes zu würdigen, weiter als Mitgeschöpf zu beachten, geschweige denn mit seinem Anliegen zu achten.

Der kleine Wurm war zwar schüchtern, aber er suchte schon Gewissheit. Da tauchte plötzlich eine gefährliche Schlange mit einer gespaltenen Zunge auf. Der kleine Wurm erschrak. Er vergaß sehr schnell seine Frage, die ihn antrieb, wollte nicht gebissen werden und versuchte sich zu tarnen. Zum Glück hatte die anspruchsvolle Schlange überhaupt kein Interesse an dem kleinen Wurm, der nicht auf ihrem Speiseplan stand, ihr offensichtlich zu klein und zu unbedeutsam erschien.

Nach diesem Schrecken hatte der Überlebenskünstler eigentlich die Nase voll und wollte die Suche nach einer Antwort auf seine Frage aufgeben. Da sprach ihn ein Zwerg an, der von mächtigen Riesen zum Wurm gemacht worden war. „Du kommst gerade Recht. Kannst du nicht in die Herzen der

Mächtigen kriechen?" Aber der leicht verletzbare Wurm durchschaute, dass der Zwerg an Rachegefühlen oder vielleicht auch an Neidgefühlen nagte und ihn nur als Racheengel gebrauchen wollte. Und kroch weiter, weil er wusste, dass es auch Scheinriesen gibt, ein Zwerg auch giftig sein kann, vor allem jedoch, weil er immer noch an das Gute, an die große Liebe glaubte.

Der kleine Wurm verschwand in einem Apfel, der auf der Erde lag und ließ es sich schmecken. Da kam ein Tier auf zwei Beinen daher, hob den Apfel auf und warf ihn auf eine Wiese. Nein, der Wurm behauptete nicht, er könne jetzt fliegen, aber er zitterte an seinem ganzen weichen Körper.

Eigentlich hatte der Wurm in seinem Leben viel Glück gehabt. Ihm fehlten die Füße und doch kam er voran. Ihm fehlten die Fühler und doch konnte er Fingerspitzengefühl entwickeln. Ihm fehlte das Skelett und doch konnte er Rückgrat zeigen. In seinem Inneren herrschten jedoch Angst und Sorge, nicht zu überleben – vor allem vor den Vögeln aus der Höhe des Lebens, die seine Tiefe mit seinen Herausforderungen und Anforderungen selten nur kennenlernten, aber einen zusätzlichen Leckerbissen nicht verschmähten. Und vor den Anglern, die um ihres Erfolges und ihrer Anerkennung willen Würmer als schmackhafte Köder für wohlschmeckende Fische gebrauchten, als wären Würmer nur Mittel zum Zweck und hätten keinen Eigenwert.

Erst als der Wurm entdeckte, dass in jeder Beziehung und jedem Lebewesen – nicht nur in ihm selbst - der Wurm der Angst, nicht geliebt zu werden, stecken kann, fand er zu sich selbst und seiner Mitwelt. Und als er eines Tages schwer erkrankte und ein kleines Kind ihn von der Erde aufhob, zwischen seine Finger nahm, ohne ihn zu zerquetschen, ihn liebevoll ansah, fürsorglich ansprach und dann wieder ins Gras legte, ihm eine neue Chance zum Leben gab, verspürte er etwas von der schöpferischen und sinnstiftenden Liebe, die mehr als nur Überleben ist, und die er gesucht hatte. Die Gewissheit wuchs, dass er schon immer war, was er auch bleiben wird: Ein kleines Wesen mit angeborener und unverlierbarer Würde, weil unendlich geliebt, befähigt zur Besonnenheit und Vernunft – und zur Liebe.

Dummheit und Stolz:
Stultitia, Prudentia, Sophia

Kennen Sie mehr einfältige und unbewegliche oder mehr kluge und anpassungsfähige Köpfe? Begegnen Ihnen häufiger die törichte Dummheit, die „Stultitia", und seltener die widerstandsfähige Klugheit, die „Prudentia"?

Die **Stultitia** sägt zum Beispiel an einem Ast, auf dem sie sitzt – mal gemächlich, mal emsig; mal stur, mal frisch, fromm, fröhlich, frei. Sie schaut weder nach rechts oder links, weder in die Tiefe noch in die Höhe. Weder dampfende Bäume im Nebel noch Windstille, noch Windböen und Stürme können Stultitia aus der Ruhe bringen. Sie bleibt bei ihrer Meinung.

Auch die Frage der **Prudentia**, die sieht, dass sich Stultitia auf Dauer schadet, erschreckt sie nicht: „Warum denkst Du nicht an die Folgen deines Tuns?" Doch Stultitia winkt ab, weil sie für Sprüche keine Zeit habe. Und heimlich denkt sie selbstverliebt: „Was bin ich doch für ein kluges Köpfchen!" Und Prudentia kann weder mit Engelszungen noch mit argumentativem Klartext, geschweige denn mit dem Angebot eines offenen Gespräches etwas bewirken. Stultitia, frech und glücklich wie Oskar, ahnungslos und ignorant wie Bohnenstroh, bleibt grenzenlos dickköpfig und zugeknöpft. Und sägt und sägt. Wird Stultitia nur durch Erfahrung klug?

Eine **Prudentia** sitzt auf einem hohen Baum und schaut von oben herab. Sie sieht die fleißigen *Ameisen*, die Hügel bauen, den Boden durchlüften, Abfälle verwerten, Schädlinge bekämpfen und zur Vielfalt des Waldes beitragen. Sie beobachtet scheue *Rehe*, die sich leise bewegen und ihre Duftnoten verbreiten und genüsslich Knospen und Triebe junger Bäume anknabbern. Bei selbstbewussten *Füchsen* fühlt sich Prudentia bedroht, da die sich tarnen, aber auch strategisch handeln und sich auf das Wesentliche konzentrieren können, wachsam und wehrhaft sind. Prudentia, die in ihrer Unnahbarkeit meint, etwas Besseres zu sein, weiß ganz genau, wie Ameisen, Rehe und Füchse zu leben haben.

Aber auch das gehört zum Wald des Lebens dazu: Die kluge Prudentia kann die Maske der dummen Stultitia aufsetzen – und umgekehrt. Doch Dummheit („nichts besser verstehen und mehr wissen zu wollen") und Stolz („ genug verstanden zu haben und zu wissen") wachsen auf einem Holz, das morsch geworden ist - durch Eitelkeit und Wichtigtuerei, durch gespieltes Wissen und neidgetränkte Ichbezogenheit, durch feste Vorurteile und Angst vor Bedeutungsverlust.

Weder das dumme Ich noch das neunmalkluge Ich lassen sich von Förstern religiöser, politischer, historischer oder kultureller Bildung überzeugen. Der Änderungswille, der Wille zum (selbst-)kritischen und aufgeklärten Denken, zum Dazulernen und Neulernen, zum Kompromiss und zum Aushalten unterschiedlicher Meinungen, muss schon von Stultitia und Prudentia selbst ausgehen. Damit **Sophia**, die

Weisheit, Zusammenhänge zu erkennen und auch auf sein Bauchgefühl zu hören, in beiden eine Chance erhält und Herzens- und Menschenbildung ermöglicht. Und welche Ameise, welches Reh und welcher Fuchs schaufelte dann noch anderen eine Grube, in die man selbst hineinfallen kann?! Und läuft hartherzig mit dem Kopf gegen eine Wand, an der man sich nur Blessuren einholen kann?!

Eine Wirklichkeit:
Glaube und Wissen

Menschen diskutieren.

Die eine Person ist *Naturwissenschaftlerin* und „an Fakten und Tatsachen interessiert". Für sie gilt nur das im Experiment Feststellbare, Messbare, Überprüfbare. Ihr Motto lautet: „Hauptsache, das richtige Wissen und das Ergebnis stimmen".

Die andere Person ist ein *frommer Mann*, der an Aussagen seiner Heiligen Schrift interessiert ist. Für ihn gilt nur das Gelesene, das Gehörte, das Erlebte. Sein Motto lautet: „Hauptsache, das richtige Bekenntnis und das Verhältnis zu Gott stimmen."

Eine weitere Person stellt sich als *Kulturwissenschaftlerin* vor, die sich vor allem mit den Kulturleistungen der Gesellschaft beschäftigt. Für sie gilt nur, was sie durch ihre Brillen – z.B. durch die Brille der „Sprache", „Kunst", „Religion", „Medien", „Geschichte" - sieht. Ihr Motto lautet: „Hauptsache, die richtige Anerkenntnis der Kultur und das Verhältnis zu Gruppen stimmen, passen zum Proporz und zur Vielfaltsquote."

Aber gibt es wirklich nur die „eine" Wirklichkeit? Ist die Wirklichkeit nicht mehr als ein wissenschaftliches Experiment, mehr als ein frommes Leben, mehr als kulturelle Zuschreibungen? Geht es nicht immer „nur" um unterschiedliche Betrachtungsweisen? Und welcher Mensch kennt die „ganze Wahrheit"?

Vielleicht hilft ein Brückenschlag, um zusammenzuführen, was eigentlich zusammengehört:

Ein Wissen ohne Glauben kann herzlos, ein *vernünftiger Typ"* zu einem eiskalten Stein werden, der vom Wasser der Menschlichkeit umspült wird, aber im Innersten trocken bleibt. Er versteht sich selbst als unnahbaren Wissensgott.

Ein Glaube ohne Wissen kann maßlos werden; ein *„frommer Typ"* kann ein Feuerwerk der Gefühle erleben, die im Innersten wie schöne Farben und Formen aufblitzen, aber schnell abbrennen, sich im Alltag als Schwärmerei oder als Bedeutungslosigkeit offenbaren. Er erlebt sich selbst als erwählten Ersatzgott.

Demgegenüber kann ein *Wissender* demütig bleiben, weil sein Wissen zwar stets Stückwerk ist, er aber neugierig nach dem *„Wie"* der Wirklichkeit fragt und offen für neue Entdeckungen ist. Er kann gleichzeitig aus der Quelle des Glaubens Kraft- und Sinnerfahrungen schöpfen.

Und der *Glaubende* kann mutig bleiben, weil er zwar den Zweifel kennt, aber wissbegierig nach dem *„Wozu"*, dem Sinn und dem „roten Faden" der Wirklichkeit fragt - gepaart mit dem wachsenden Schatz des menschlichen Wissens, der einen menschengerechten Fortschritt stärkt.

78

Beide – Wissender und Glaubender – können auf die Möglichkeit neuer Gewissheiten durch Gott selbst hoffen, der seine Geschenke – das Grundvertrauen auf seine liebende Wirkmacht und die aufgeklärte Vernunft in Verantwortung vor ihm – miteinander in einer Person versöhnt.

Hoffnung im Lebenskampf:
Sisyphos, Tantalos, Jesus

Die Hoffnung soll ich nicht aufgeben? fragt ein leidender Mensch. Weiterkämpfen? Wozu?

Er fühlt sich wie **Sisyphos** aus der griechischen Sagenwelt, der sich quält, einen schweren Felsen auf einen Berg zu wälzen, aber nie wahren Erfolg hat, weil der Stein kurz vor dem Erreichen des Gipfels ins Tal zurückrollt. Ist nicht der Kampf gegen sein Leiden vergebliche Liebesmüh, sinnlos - hoffnungslos?

Manchmal fühlt er sich auch wie der **Tantalos** der Antike, der durstig an einem Wasserteich steht, aber seinen Durst nicht stillen kann, weil das Wasser versiegt, immer wenn er sich sehnsüchtig zum Trinken bückt. Ist nicht auch die Sehnsucht eines Leidenden, seinen Durst nach einem sorgenfreien Leben zu stillen, aussichtslos, fruchtlos – hoffnungslos?

Leuchtet nur dann Sinn auf, während der Stein angstvoller Sorgen in die Tiefe rollt, weil der Leidende in dieser Zeit unbelastet ist und verschnaufen kann? Weil ihm eine Zwangspause ihm ermöglicht, neu nachzudenken und leben zu lernen?

Oder bleibt nur sein phantasievolles Kopfkino, in dem Bilder der Hoffnung auftauchen, dass zwar Flüsse ins Meer des Lebens münden und ihre Existenz selbst beenden, aber ihr frisches Wasser nicht einfach verlorengeht? Doch verblasst dieses Bild nicht sehr schnell in der realen Erfahrung seiner Sorgen- und Angstwelt?

Wie ein Mensch auch immer denkt, was er auch immer fühlt, womit er sich auch immer über Wasser hält, er braucht mehr, um sein ganzes Leben anzunehmen, widerstandsfähig zu werden, und weiterzuleben: einen Rettungsring, wenn er aus Panik zu ertrinken droht; einen Anker, wenn er den Stürmen der schlechten Nachrichten schutzlos ausgeliefert ist. Er braucht mitten im sorgenvollen Kampf eine begründete Hoffnung auf einen letzten Hafen, auf ein Urziel. Ein gut gemeintes Daumendrücken und ein mitfühlendes Auf-die-Schulter-Klopfen reichen jedenfalls nicht aus, auch kein geschicktes Ablenkungsmanöver, das nur zur Enttäuschung führt; kein frommer Wunsch, der nur vertröstet; keine theologische Erklärung, die nicht verstanden wird.

Am Beispiel und Vorbild von **Jesus** von Nazareth kann sich jedoch christliche Auferstehungshoffnung entzünden: Jesus hat trotz seines Leidens und in seinem Leiden seinem Vater vertraut („Abba, lieber Vater"). Und deutlich gemacht, dass es einen mit- und selbstleidenden Gott gibt, der in der Ohnmacht mächtig ist, ihm und seinen Freunden Hoffnung auf das Unmögliche im Möglichen schenkt.

Diese Hoffnung auf eine göttliche Neuschöpfung im Geist, auf ewiges Leben, kann wie ein Licht die Dunkelheit eines

Leidenden erhellen, ihn kraftvoll bewegen, sein Leben anzunehmen, als freier Mensch zu sorgen als sorgte er nicht - realistisch und zugleich zuversichtlich.

Die Hoffnung auf eine Gemeinschaft mit Gott in einem dunklen Tunnel des Lebens kann lebendig werden, da der Schöpfergott auch am Ende des Tunnels das Licht des Lebens ist, das Sorgengeister und irre Gespenster in Schach hält, um gelassener und besonnener, auch fröhlicher und mutiger zu werden sowie neues auf Gott hoffendes Vertrauen zu wagen.

Schönheiten der Natur:
Wälder, Berge, Meere

Menschen entdecken die schönen Gesichter des Lebens.

Diese Gesichter sind keine leuchtenden Masken, die hässliche Fratzen verstecken und täuschen, keine schützenden Masken, die man tragen oder ertragen muss, obgleich sie nicht risikofrei sind, auch bedeuten sie kein Dauerlächeln, um die eigene Unsicherheit zu überspielen oder dem Nächsten seine Zähne zu zeigen. Diese Antlitze sind vielmehr unmittelbar berührende Augenblicke zärtlichen Glücks, die die Augen und das Herz der Seele öffnen.

Zum Beispiel hat dieses schöne Gesicht ein Mensch im **Wald** entdeckt, wo er Ruhe und Stille sucht, um sich zu erholen, zu entspannen und neue Kräfte zu sammeln. Bewusst atmet er ein, aus und durch, verspürt seinen ganzen Körper, lauscht den unbekannten Liedern der Vögel, die scheinbar um die Wette zwitschern, hört dem leisen Gespräch der Bäume zu, die untereinander in geheimnisvoller Weise sprechen. Unbekannte Kräfte durchströmen ihn und bewegen seine Schritte. Er erlebt die Einheit mit der Natur, vor allem beflügelnde Gefühle wohliger Dankbarkeit, dass er lebt - neu, befreit und gestärkt leben darf.

Nach einer **Bergbesteigung** berichtet ein anderer Mensch Ähnliches. Was er vom Gipfel aus sieht, hat sein Herz geöffnet und zum Schlagen gebracht: Die wilde Schönheit, die wahre

Erhabenheit, die unendliche Weite und die grenzenlose Frei-heit sind nach der körperlichen Anstrengung ein ganz beson-deres Geschenk - ein Gefühl des Glücks, das er mit den Natur-gewalten teilt, weil er mit ihnen verschmolzen ist. Er ahnt, dass er selbst nur ein kleines begrenztes Rädchen eines gro-ßen offenen Systems ist, aber dass es dennoch oder gerade deshalb Sinn in seinem Leben gibt, einen unsichtbaren roten Faden. Dass angesichts dieses Glücks all die Probleme in den Tälern des Lebens winzig klein sind - auf ihn warten können, weil er sie mit dieser Erfahrung leichter, gelassener meistern kann.

Auch das **Meer** mit seinen Wellen, die kommen und gehen, spielen und verführen, erfrischen und

in Schwung bringen, Schätze enthüllen und verhüllen; mit seinen Urgewalten, die sich manchmal rächen, aber auch ver-söhnlich stimmen, die zerstören, aber auch Neues ermögli-chen, spricht mehrere Sprachen, die mit der menschlichen Sprache nur bruchstückhaft und in Bildern zum Ausdruck ge-bracht werden können. Ist das Meer nicht wie eine uner-schöpfliche Urquelle des Lebens, eine sprudelnde Quelle der Faszination über die Tiefe und Weite, Grenzenlosigkeit und Unberechenbarkeit des Meeres, das Himmel und Erde zu-gleich verbindet und trennt? Oder wie ein unbekannter Zau-berer, der verzaubert und entzaubert, neugierig auf seine Künste macht, wenn man in seine Welt eintaucht und sich immer wieder neu inspirieren lässt? Und der dann zahlreiche Wunder, etwas Unerwartetes, aber heimlich Erhofftes aus seinem Hut zaubert?

Solche oder ähnliche Gesichter schöner Glücksgefühle können helfen, hässliche Gesichter auszuhalten oder in Vernunft und mit Einsatz zu bekämpfen - angesichts toter Wälder, die wie Mondlandschaften wirken, schmelzender Gletscher, die wie nackte Ruinen um Hilfe rufen, oder vermüllter Strände, die als Müllkippe missbraucht werden.

Gefühle schöner Gesichter wecken das Nachdenken und beflügeln die Verantwortung. Und können sogar die Tür zum Raum der Hoffnung öffnen, dass der Schöpfer allen Lebens seine Geschöpfe als Teil seiner Schöpfung nicht im Stich lässt. Denn diese aktivierende und solidarische Hoffnung, ist selbst in der Ohnmacht und im Leiden gegenwärtig. Und bleibt im Gott- und Christusvertrauen sowie in der Glückseligkeit wirkmächtig.

Geschichte, Fingerabdruck, Fußabdruck, Spiegel, Quelle

Geschichte ist wie ein einzigartiger Fingerabdruck eines Menschen,
der zu ihm gehört und den er ein Leben lang behält,
auch wenn er ihn leugnet oder nicht kennt.

Erinnerung ist wie ein persönlicher Fußabdruck eines Menschen,
der hinterlassen wird und Spuren hinterlässt,
auch wenn er instrumentalisiert, verwischt oder unterschiedlich gedeutet werden kann.

Geschichts- und Erinnerungskultur ist wie ein besonderer Spiegel der Identitätssuche,
indem ein Mensch ein Land und sich selbst entdeckt,
auch wenn er zerbrochen ist und wieder zusammengesetzt werden muss.

Unabhängiges Geschichtsbewusstsein ist
wie eine sprudelnde Quelle des Wissens und ein Weckruf des Gewissens,
damit die Gegenwart verantwortungsbewusst gestaltet werden kann, auch wenn alles im Fluss bleibt.

Zum Autor

Burkhard Budde hat viele Lernorte der Demokratie persönlich kennengelernt und mitgestaltet – zum Beispiel während seiner Schulzeit als Klassen-, Schüler- und Bezirksschülersprecher, später als Ratsmitglied der Stadt Bünde und in der Kommunalpolitik, der „Schule der Demokratie", sowie als Mitglied einer demokratischen Partei, dem „Motor der Demokratie" und „Brückenbauer zwischen Staat und Gesellschaft".

Der Verfasser des Buches wuchs in einer Familie mit sechs Kindern auf und lernte hier die Bedeutung demokratischen Verhaltens kennen. Im studentischen, beruflichen und gesellschaftlichen Leben wurde ihm eine demokratische Haltung immer wichtiger.

Burkhard Budde, 1953 in Bünde geboren, hat Ev. Theologie, Publizistik und Philosophie in Münster studiert, war Gemeindepfarrer in Spenge und ab 1994 bis zu seinem Ruhestand Leiter einer diakonischen Stiftung in Braunschweig.

2014 erhielt er das Kronenkreuz in Gold des Diakonischen Werkes. 2003 hat ihm die Stadt Spenge den Stadtpreis für seine besonderen kulturellen Leistungen verliehen. Seit

2000 ist er ehrenamtlich als Vorsitzender der Ebbecke Stiftungen, die soziale Zwecke verfolgt, in Braunschweig aktiv.

Der Autor sammelte in vielen Bereichen Erfahrungen und Kenntnisse – u.a. als Vorsitzender des Vereins „Portal zur Geschichte" in Bad Gandersheim, als Vorsitzender des Niedersächsischen Diakonische Fachverband für Altenhilfe und Pflege, als ehrenamtlicher Richter am Verwaltungsgericht Braunschweig, als Vorsitzender der Ebbeckestiftung in Braunschweig sowie als Mitglied des Auswahlausschusses der Konrad Adenauer Stiftung und als Mitglied des EAK-Bundesvorstandes.

Der verheiratete Vater von zwei Kindern und Großvater zweier Enkelkinder lebt als freier Journalist und Buchautor mit seiner Frau Margret in Bad Harzburg. Er ist Kolumnist des Wolfenbütteler Schaufensters („Auf ein Wort"), das in der Region Wolfenbüttel erscheint; viele Jahre schrieb er für die Kolumne des Westfalen-Blattes in Ostwestfalen („Moment mal") sowie für den Rheinischen Merkur, eine ehemalige überregionale Wochenzeitung.

Bücher des Autors

Spuren gelebter Liebe

25 Mutmacher

Verlag: Books on Demand (2023)

ISBN: 978-3-7578-8171-9

Inspirationen für Gegenwart und Zukunft

Kleines Kompendium christlichen Wissens

Verlag: Books on Demand (2022)

ISBN: 978-3-7562-1858-5

Moment Mal

Aphorismen für den Alltag

Verlag: Books on Demand (2021)

ISBN: 978-3-7557-1740-9

Haifische im Aquarium (Roman)

Mitten unter uns

Verlag: Books on Demand (2020)

ISBN-13: 978-3-7519-5956-8

Annis Welt

Neugier auf das Leben

Verlag: Books on Demand (2019)

ISBN-13: 978-3-7347-9678-4

Erkennen, anerkennen, bekennen

Gedanken aus dem Leben zum Denken und Handeln
Verlag: Books on Demand (2018)
ISBN-13: 978-3-7448-8537-9

Christliches Management profilieren
Führungsstrukturen und Rahmenbedingungen
konfessioneller Krankenhäuser in Deutschland
Verlag: LIT Verlag (2009)
ISBN-13: 978-3-8258-0830-3

Dem Leben auf der Spur
Perspektiven Jesu am Beispiel des Spenger Altars
Verlag: Ernst Knoth (1998)
ISBN: 3-88368-302-7

Wege der Versöhnung
Illustrationen von Marie-Luise Schulz
Verlag: Ernst Knoth (1997)
ISBN: 3-88368-299-3